Edda Vid...

DOVE NASCE L'ADRIATICO

E LA PREISTORIA SI FA STORIA

Piccola antologia di miti e storie
del Caput Adriae
in italiano e triestino

White Cocal Press

In copertina
Disegno di **Bernardino Nott**

Direttore editoriale
Diego Manna

Edito da
White Cocal Press 
via Biasoletto 75
34142 Trieste
manna@bora.la
www.bora.la

Con il contributo di

 REGIONE AUTONOMA
FRIULI VENEZIA GIULIA

ai sensi del "Bando per la valorizzazione dei dialetti di origine veneta parlati nella Regione FVG indicati all'articolo 2 della legge regionale 17 febbraio 2010, n.5"

Con il patrocinio di

www.13casade.com
www.eddavidiz.it

*A Renzo Arcon e a Cesare Fonda,
indimenticabili compagni
nella ricerca di storie e culture
della nostra Trieste*

INTRODUZIONE

Dove nasce l'Adriatico e la preistoria si fa storia scorre fra due binari, quello italiano e quello triestino, non una gara fra lingua e dialetto bensì un nuovo metodo di apprendimento per i giovani che poco o nulla sanno del nostro lessico, e un confronto per quanti si dilettano a usare il vernacolo nei loro scritti. Inoltre, far conoscere il dialetto alle nuove generazioni, spesso all'oscuro di tutto questo immenso patrimonio culturale che è Trieste, può diventare un metodo inusuale per unificare i diversi aspetti comunicativi tra le tante genti di lingua diversa che abitano il nostro territorio.

In questa città, dove la storia si porta dietro un vissuto antico, il dialetto è rimasto come ai tempi della sua Belle Époque, una lingua cosmopolita usata da tutti: dagli italiani ma anche dalla minoranza slovena e dalle altre etnie, confluite nella città nel corso degli anni. Alla fine rimane la speranza che questo binario linguistico vivace e spontaneo, parlato da tante genti diverse a seconda delle voci dell'antico passato, possa avere una nuova diffusione e popolarità, portando in evidenza la nobiltà del termine "patoco".

Da antico villaggio a città vassalla, passando per il trascorso asburgico del Sacro Romano Impero, Trieste ha sperimentato sette diverse bandiere nel corso della sua storia travagliata e, ovviamente, ogni dominio ha lasciato il suo segno indelebile nel suo vissuto ricco di leggende, storie e tradizioni tramandate di generazione in generazione.

Dall'Età dei Lumi in poi, grazie alla lungimiranza degli ultimi Asburgo, imperatori del Sacro Romano Impero (dal nonno Leopoldo I, al figlio Carlo VI e alla grandiosa nipote Maria Teresa), e al senso acuto di abili avventurosi affaristi forestieri e alle voci di poeti, scrittori e cronisti dell'epoca, Trieste si trasformò, nell'arco di pochi decenni, in una città tanto ricca da essere rinomata in Europa come la nuova città d'oro.

Attraverso queste pagine, con occhi nuovi e cuori aperti, esplorerete le sorgenti profonde di una città che si affaccia sul "Sinus Tergestinus", un'insenatura del mare che sembra nascere proprio dalle sue sponde, e conoscerete il fascino intramontabile di Trieste, dove la preistoria si mescola con la storia e la leggenda si fonde con la realtà, creando un affascinante mosaico di tradizioni e misteri, che continueranno a incantare e ispirare le sponde del nostro del nostro amato Adriatico per i secoli a venire.

Caro lettore, spero che la mia lettura Ti sarà di svago. In ogni personaggio troverai un po' di me e forse un po' di Te e poiché siamo tutti attori sul palcoscenico della vita, mi auguro che Tu sia un protagonista felice.

Edda Vidiz

1. LE CIANCE DEL TIMAVO

Cari amici lettori, sono felice al vedervi aprire le pagine di questa *piccola antologia leggendaria*, dove vi narrerò i variegati racconti che si slegano dalla preistora alla storia legati (*o forse no*) da un filo di favole e mitiche leggende.

Al tempo degli antichi romani io ero conosciuto come il dio Timavus ma, dopo duemila anni e più, per gli odierni esseri umani io sono soltanto il fiume Timavo. Mi son fatto vivo con voi, solo or ora, perché la presenza di un fiume che sgorgava dalla terra non avrebbe incuriosito ma impaurito gli uomini primitivi. Ma voi, sì proprio voi, cari amici, saprete sicuramente apprezzare lo spirito dei miei racconti, nel prosieguo di queste pagine. Spaparacchiatevi senza paura: sono pronto a raccontarvi cosa ho visto e i fatti dei quali fui testimone durante i miei lunghi percorsi per la ricerca del perduto Eden. E, a dire il vero, l'ho trovato proprio qui, in questo Caput Adriae, nel mio angolo di paradiso dove nasce l'Adriatico, e che, se non è l'Eden, poco ci manca.

Fu l'allegro gorgoglio dell'acqua a farmi trovare la strada nel mitico boschetto di San Giovanni al Timavo, vicino al castello di Duino e non lontano dalla leggendaria Trieste: luoghi incantati dei quali vi posso narrare un passato così lontano, lontano da quando la preistoria era ancora là da venire e verdi foreste arrivavano al mare per farsi accarezzare dalle onde. E i mari e i laghi e i fiumi si chiamavano acqua e tutte le

1. LE CIACOLE DEL TIMAVO

Cari amici letori, son contento de vederve verzer le pagine de sta *picia antologia legendaria*, dove ve conterò i tanti diferenti raconti che i se sliga de la preistoria a la storia legai (*o forse no*) da un fil de fiabe e mitiche legende.

Al tempo dei antichi romani mi iero conossudo come 'l dio Timavus ma, dopo domila ani e passa, per i esseri umani de ogidì mi son noma che 'l fiume Timavo. Me son fato vivo co' voialtri pena 'desso perché a vardar un fiume, che vegniva fora de la tera, no gaveria incuriosido ma impaurido i omini primitivi. Ma voi, sì propio voi, cari letori saverè de sicuro 'prezar el spirito de le mie fiabe, ne l'andar 'vanti co' ste pagine. Spamparagnevese senza paura: son pronto a contarve cossa go visto e i fati che son stà testimonio in quel che andavo in zerca del perdudo Eden che mi, sul serio, lo go trovado propio qua, in 'sto Caput Adriae nel mio cantonzin de paradiso dove nassi l'Adriatico, che se no 'l xe l'Eden poco ghe manca.

Xe sta l'alegro sbrombolar de l'aqua a farme trovar el Caput Adriae nel mitico boscheto de San Giovani al Timavo, vizin el castel de Duin e, poco via, de la legendaria Trieste: loghi magici de quando la preistoria la iera ancora lontan lontan de rivar e le foreste le rivava al mar per farse carezar de le onde. E i mari e i laghi e i fiumi i se ciamava aqua e, tute le tere che i bagnava, se ciamava tera e i omini no i coreva verso tere de conquistar, perché no i gaveva ancora messo pìe sula tera de Gea.

terre che questi bagnavano si chiamavano terra e gli uomini non correvano verso nuove terre da conquistare, perché non avevano ancora messo piede sulla terra di Gea.

In quei tempi nelle grandi foreste, nelle verdi pianure, nel ventre delle montagne e in tutte le acque, vivevano gli esseri della natura, creature diverse sia dagli animali che dagli uomini. Creature vissute non nelle pagine della storia ma in quelle dell'anima: creature angeliche e infernali, creature benefiche e malefiche, ma talmente diverse dagli esseri umani che, questi ultimi, ne ebbero presto il sopravvento.

E loro, gli esseri della natura, dovettero imparare a nascondersi e a trasformarsi fino a diventare prima personaggi di miti e leggende e poi favole per i cuccioli degli esseri umani. Queste creature avevano nomi soavi come la musica ed erano: fate, ninfe, elfi, gnomi e folletti. Oppure nomi spaventosi come il tuono e quindi erano streghe, maghi, orchi e dragoni. I primi vivevano per il bene, i secondi lottavano per il male. Ma alla fine giunsero i figli di Adamo, che si presero tutta la terra e il mare e il cielo, lasciando agli altri un regno solo: quello della fantasia.

Io non facevo parte di quel regno, ma scorrevo nella vellutata oscurità delle mie grotte, cercando la via del mare perché, alla fine, io sono un fiume e il mio sogno era quello di raggiungere la spiaggia dell'Eden, il paradiso terrestre dove il Creatore aveva sistemato tutti gli esseri da lui creati. Nell'Eden tutti potevano godere di tutto all'infuori dei frutti di un unico albero di mele che vi cresceva al centro.

Ma il Creatore, che aveva arricchito Adamo ed Eva di ogni bene da lui creato, volle metterli alla prova. A nessuno degli animali passò per la mente di chiedersi perché tutto sì e una mela no, ma gli umani... beh, ci fecero un pensierino sopra.

In quei tempi ne le grande foreste, ne le verdi pianure, nel fondo de le montagne e in tute le aque, viveva i esseri de la natura, creature diferenti sia de le bestie che dei omini. Creature no vissude ne le pagine dela storia ma in quele de l'anima: creature angeliche e infernali, creature bone e creature cative, ma tanto diferenti dei esseri umani che, sti ultimi, i ga ciapà presto el comando.

E lori, i esseri dela natura, i ga dovudo imparar a sconderse e a trasformarse fin a diventar, prima personagi de miti e legende e po' fiabe pe' i fioi dei esseri umani. Ste creature le gaveva nomi gentili come la musica e le se ciamava: fate, ninfe, elfi, gnomi e foleti. Ma anca nomi spaventosi come 'na tonada e iera strighe, stregoni, orchi e dragoni. I primi i viveva per el ben, i secondi i lotava per el mal. Ma, a la fin, xe rivadi i fioi de Adamo, che i se ga ciolto tuta la tera e el mar e el ciel lassandoghe ai altri un regno solo: quel de la fantasia.

Mi no fazevo parte del quel regno, ma corevo int'el scuro de le mie grote, zercando la via del mar perché, al struco, mi son un fiume, e il mio sogno iera quel de rivar a la riva de l'Eden, el paradiso terestre dove 'l Creator 'l gaveva sistemado tute le creature de lui creade.

Ne l'Eden tuti i podeva goder de tuto, fora dei fruti de un solo albero de pomi che ghe cresseva in mezo.

Ma el Creator, che ghe gaveva dado a Adamo ed Eva ogni ben de Dio, el ga volù meterli a la prova. A nissuna de le bestie ghe xe passà per la testa de domandarse perchè tuto sì e 'un pomo no, ma i umani... beh, i ghe ga fato un pensierin per de sora.

Adamo 'l tentenava, ma Eva insisteva: *"Adamo, per piazer, solo un rosigheto picio, picio... sì Adamo, sì, sììì!"*.

E come Adamo el ga rosigà 'l pomo, de balin el Creator xe 'rivà in compagnia de l'Arcangelo San Michele. El Creator no 'l gaveva gnente de dir, ghe ga bastà alzar

Adamo tergiversava, ma Eva insisteva: "*Adamo, per piacere, solo un morso piccolo, piccolo… sì Adamo, sì, sì!*". E come Adamo addentò la mela, subitaneo apparve il Creatore accompagnato dall'Arcangelo San Michele.

Il Creatore non ebbe a dire nulla, distese il braccio destro con il dito teso verso il mondo esterno, dove i due umani fuggirono terrorizzati alla ricerca di una foglia di fico per coprirsi, in quanto nel Paradiso erano vissuti nell'innocenza senza rendersi conto di essere nudi.

Gli animali, benché impauriti, osarono pregare il Creatore di perdonarli. Al che il Creatore si adirò e con voce possente gridò: "*Come osate prendere le loro parti contro il mio volere? Fuori! Fuori tutti! E non osate ritornare mai più!*".

Tutti fuggirono in un amen, e la porta batté dietro la lumaca che era la più lenta, mentre in tutta quella baraonda il serpente si nascose avvolgendosi fra le fronde dell'albero.

L'Arcangelo disse al Creatore: "*Signore, lo sapete che faranno di tutto per ritornare!*".

Il Creatore, rimasto un po' seccato per essere stato ripreso dall'Arcangelo, replicò: "*Non lo faranno perché ora tu andrai a raccogliere tutti i sassi che puoi, in modo da costruire un muro così alto, che nessuno potrà mai superare*".

San Michele udì il serpente sghignazzare, ma aprì le sue possenti ali senza aggiungere altro, in quanto sapeva bene che se il Creatore lo aveva lasciato nell'Eden, doveva avere i suoi buoni motivi per punirlo in altro modo. E ride bene chi ride ultimo.

San Michele decollò e, prendi di qua e prendi di là, raccolse un'enormità di pietre, le pose in un sacco grandissimo e ritornò nell'Eden. Ma come arrivò all'altezza dell'albero della scienza quel diavolo di un serpente, con un guizzo repentino, balzò in alto verso

el brazo destro col dito drito verso 'l mondo de fora, dove i do umani i xe scampai spaventadi a zercar una foia de figo per coverzerse, dato che in Paradiso i viveva senza saver de esser nudi.

Le bestie, anca se spauride, le ga pregado 'l Creator de perdonarli. A sentirli 'l Creator se ga rabià de bruto e co' vose potente el ga zigado: "*Come osè cior le parti de lori contro 'l mio voler? Fora! Fora tuti! E no ste osar de tornar indrio mai più!*".

Tuti i xe scampai in un amen, e la porta se ga sbatù drio la cagoia che iera la più lenta, e, in tuto quel zavai, el serpente se ga sconto inverigolandose tra le frasche de l'albero del ben e del mal.

L'Arcangelo ga dito al Creator: "*Signor, savè che i farà de tuto per tornar indrio!*".

E 'l Creator, restà un fià urtado per esser sta pizigà de l'Arcangelo, ghe ga risposto: "*No i lo farà, perché 'desso ti te 'ndarà a ingrumar tuti i sassi che te pol, in magnera de costruir un muro cussì alto, che nissun poderà mai saltar*".

San Michele 'l ga sentì 'l serpente sghignazar, e 'l ga verto le sue grande ale senza zontar altro, dato che 'l saveva ben che, se 'l Creator lo gaveva lassado drento, el doveva gaver i sui boni motivi per castigarlo in qualche altro modo. E ridi ben chi ridi ultimo.

San Michele ga decolado e, ciapa su de qua e de là, el ga ciolto un numero stragrande de piere, che 'l ga messo in t'un saco e tornado indrio a l'Eden. Ma, in quela che 'l xe rivado là de l'albero proibido, quel diavolo de un serpente, in un atimo 'l xe saltà in alto sul saco, sbregandolo co' i sui dentini, dentini sì ma diabolici, cussì che le piere le xe cascade de tute le parti tanto che 'l logo xe diventado un logo pien de sassi.

San Michele, desolado, stava per scusarse per via de la scopola che'l gaveva ciapado, ma 'l Creator ghe ga dito: "*Varda, Michele, no esisti un muro che no se pol*

il sacco lacerandolo con i suoi dentini, dentini sì ma diabolici, così che le pietre caddero sparpagliandosi in una grande spoglia pietraia.

San Michele, desolato, stava per scusarsi del danno arrecato, ma il Creatore gli disse: "*Vedi, Michele, non esiste un muro insuperabile al desiderio di tutto il ben di Dio che puoi trovarci dietro, ma nessuno potrà desiderare di entrare in un posto così desolato e, se lo farà, sarà sufficientemente punito dovendo, per vivere, lavorare con grande fatica e sudore della fronte!*". E come finì la frase, l'albero del bene e del male si avvizzì e il serpente strisciò a nascondersi.

San Michele chiese al Creatore: "*Che ne farete di costui?*".

E il Creatore, senza degnare il serpente di un'occhiata, disse: "*Sarà una vipera velenosa che vivrà desolata. E quando gli umani vi faranno ritorno, vivrà in un terrore infinito, cacciata e calpestata da tutti*".

San Michele chiese: "*Allora potranno ritornare?*".

"*Ritorneranno, pagando la loro colpa con il duro lavoro e il sudore della loro fronte, tanto da trasformarlo in un nuovo Eden, che chiameranno Carso e che tutti ammireranno come una delle grandi bellezze che ho creato!*"

La baia tergestina nel 1600

saltarghe oltra, de fronte a la voia de tuto el ben de Dio che te ghe pol trovar drento, ma nissun poderà voler entrar in un posto cussì desolado e, se lo farà, sarà bastanza castigado dovendo, per viver, lavorar con granda fadiga e sudor de la fronte!".

E come 'l gaveva finì de parlar, l'albero del ben e del mal se ga sfiapì e 'l serpente se ga strassinà a sconderse. San Michele ghe ga domandà al Creator: *"Cossa farè de sto qua?"*.

El Creator, senza indegnar 'l serpente de un'ociada, 'l ga dito: *"Sarà una vipera velenosa che viverà nel dolor. E co i umani ve farà ritorno, la viverà in un teror senza fin, scazada e zapada de tuti"*.

San Michele ghe ga domandà: *"Alora i poderà tornar?"*.

"I tornerà, pagando la loro colpa co'l duro lavoro e 'l sudor de la fronte, tanto de cambiarlo in un novo Eden, che i ciamerà Carso e che tuti i varderà come una de le grande beleze che go creado!"

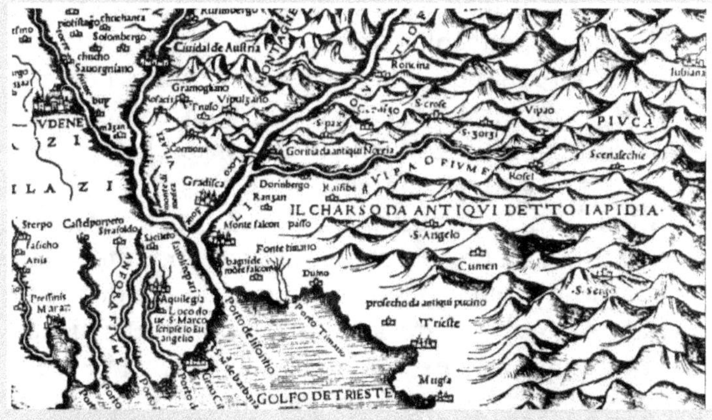

Tratto da: Revista de historia da Arte N° 13 - 2018

Il botto del Condominio

C'era una volta un tempo in cui tutti dormivano zitti e beati nella oscurità. Non c'era nulla, né tempo, né spazio ma, è assodato, anche una sola goccia d'acqua fa traboccare il vaso pieno. Non si sa ancora esattamente di cosa fosse formata quella goccia, ma aveva una tale energia che finì con l'esplodere. E così, in un istante scoppiò un casino primordiale che svegliò il Creatore, che intontito dal sonno accese di botto la torcia dello smartphone, che emise una luce intensa e abbagliante, che illuminò l'oscurità svegliando tutto il condominio.

I condomini sbottarono in una sequela di improperi e rimostranze portando via con sé le piante della costruzione del palazzo, dando inizio a una manifestazione popolare, che si espanse rapidamente.

Si formarono gruppi di movimenti politici diversi, scontrandosi e sfidandosi gli uni con gli altri. I più energici emersero, creando una grande sfilata popolare che infiammò gli animi.

Nel cuore di quella prima grande manifestazione esordirono attori falliti, cantanti stonati, saltimbanchi storpi, mangiafuoco con l'alito cattivo nonché stelline e stelle dello spettacolo con la loro luce splendente.

Ma non c'è mai un male senza un bene, si dice, così la manifestazione continuò a espandersi, e si formarono partiti diversi, vasti insiemi di conservatori e, con essi, liberali e gruppi anarchici.

Miliardi di anni passarono e, nel cuore di uno di quei partiti, una piccola stella spiccava con intensità.

Intorno a quella stella, si riunirono i condomini e la vita iniziò a sbocciare. I sussurri della natura si fecero sempre più forti, e gli abitanti del palazzo, in preda alla paura, si dispersero nel mondo portando insito nell'animo il mistero affascinante di quella goccia pri-

El boto del Condominio

Iera 'na volta un tempo co tuti i dormiva ziti e contenti in scuro. No ghe iera gnente, né tempo, né spazio ma, se sa, anca 'na sola ioza de aqua fa sbrocar el vaso pien. No se sa ancora ben de cossa che iera fata quela ioza, ma la gaveva 'na forza cussì granda, che la xe finida per s'ciopar. E cussì, in un amen xe nato un casin primordial che ga sveiado 'l Creator che, intontido de sono, el ga impizà de boto la torza del telefonin, che ga butà fora 'na luse forte e sbarlumada, che ga fato ciaro nel scuro, che ga sveiado tuto 'l condominio.

I condomini i ga sbotà in una filastroca de parolaze e rimprovori, portandose via le mape e i pupoli de la costruzion del palazo, cominziando 'na manifestazion popolar, che se ga slargado in un lampo.

Se ga messo insieme clape de diferenti movimenti politici scontrandose e sfidandose i uni coi altri. I più forti i xe vignudi fora, creando una granda sfilata popolar che ga infiamà i animi.

Nel cuor de quela prima granda manifestazion xe vignudi fora atori falidi, cantanti stonadi, saltacorde ciompi, magnafoghi col fià spuzolente e per de sora steline e stele del varietà con i fari luminanti

Ma no xe mai un mal senza un ben, se disi, cussì la manifestazion xe 'ndada 'vanti a slargarse e a formar partiti diferenti: un grando ciapo de conservatori e, co' lori, liberali e grupi anarchici.

Miliaia e miliaia de ani iera passadi e, nel cuor de un de quei partiti, una picia stela la fazeva 'ssai spico.

Rente a quela stela, se ga riunido i condomini e la vita ga scominzià a fiorir.

I sussuri dela natura se ga fato sempre più forti, e quei che stava nel palazo, pieni de fifa, i se ga sparpaiado nel mondo portando drento l'animo el mistero fassinante de quela prima ioza: el Big Bang, che 'l ga

mordiale: il Big Bang, che diede inizio a tutto ciò che oggi conosciamo e aprì le porte alle meraviglie dell'Universo e alla ricerca dell'eterno segreto dell'origine della vita stessa.

Dopo il botto del Big Bang...

scominzià tuto quel che ogi conossemo e verto le porte a le maraveie del Universo e al zercar l'eterno segreto de l'origine de la vita stessa.

... dopo miliardi di anni.

La nascita del Mare Adriatico

Più o meno 200 milioni di anni fa, calmatosi tutto il fermento creato dal botto primordiale, Gea, la madre del nostro pianeta Terra, generò, nell'antico enorme oceano Panthalassa, una grandiosa placca continentale chiamata Pangea.

Ma le fatiche di Gea travolsero il mantello terrestre che, come una trottola, iniziò a spingere la calda massa rocciosa della sua base, facendola risalire in superficie per sprofondare di nuovo verso il fondo, dove si raffreddava creando dei furiosi gorghi ed enormi violentissimi maremoti, che finirono per spezzare la stessa Pangea in due vaste placche tettoniche: l'Eurasiatica e l'Africana che, ben presto, incominciarono ad andare alla deriva.

Nel Paleozoico, tutto ciò creò grande scompiglio, in particolare nel vasto oceano Tetide, che si vide arrivare le due enormi placche che danzavano insieme, spintonandosi l'una contro l'altra, come autoscontri di una giostra nel giorno del santo patrono.

Violentissimi terremoti sconvolsero definitivamente l'oceano, tanto che il suo vasto fondale si alzò e si frantumò, facendo sprofondare le vecchie placche, emerse in precedenza, e portare a galla delle nuove. Alla fine Tetide si inabissò e scomparve gradualmente, a causa della deriva dei continenti. Il naufragio dell'oceano Tetide aiutò una delle nuove microplacche, chiamata Adria (sulla quale, tra l'altro, nascerà la penisola italiana) a districarsi da tutto quel parapiglia e ad aprirsi un sottile varco tra lei e l'Eurasia.

Un varco che, grazie ad Adria e alla frammentazione della Pangea, pian piano si espanse e diventò un'enorme e profonda vallata che, dopo vari cambiamenti geologici, fu pronta a ricevere anche le valanghe d'acqua dell'ultima glaciazione.

La nassita del Mar Adriatico

A la fin, tira para e mola 200 milioni de ani fa, calmado tuto el zavai scaturido del boto primordial, Gea, la mama del nostro pianeta Terra, la ga generado int'el vecio enorme oceano Panthalassa, una grandiosa placa continental ciamada Pangea.

Ma le fadighe de Gea le ga messo sotosora el mantel che, come un zurlo, ga scomincià a sburtar el caldo mucio de piera del suo zocolo, fazendolo 'ndar su e zo del fondal, dove 'l se rafredava, creando dei gorghi incazadi e stragrandi potenti maremoti, che i ga finì per romper la Pangea in do grande plache tetoniche: l'Eurasiatica e l'Africana, che ben presto le ga scominciado a 'ndar per le sue.

Sto remitur ga creado un finimondo, in specie nel grandioso oceano Tetide, che 'l se ga visto rivar le do stragrandi plache che le balava insieme, sburtandose l'una contro l'altra, come autiscontri int'una giostra nel giorno del santo patrono. Straviolenti teremoti ga mandà per sempre fora de testa l'oceano, tanto che 'l suo grando fondal se ga alzà e sfrantumà fazendo andar a fondo le vece plache de prima e portando a gala plache nove. A la fin, Tetide la xe andada a fondo sparindo pian a pian, per via de la deriva dei continenti.

El naufragio de l'oceano ga iutà la microplaca Adria (dove, dopo, nasserà la penisola italiana) a vegnir fora de tuto quel remitur fin a verzer un strento passagio tra ela e l'Eurasia.

Un passagio che, grazie ad Adria e ai rotami de la Pangea, pian pianin se ga slargà e diventà una stragrande e profonda insenatura che, dopo vari cambiamenti geologici, la iera pronta a ricever le valanghe de aqua de l'ultima glaciazion.

A sto punto, sule rive del valon xe incominciai a presentarse: Deinotherium, mastodonti e rinoceron-

A lungo andare, nel vallone incominciarono a presentarsi: Deinotherium mastodonti e rinocerontidi; per non parlare degli ippopotamidi, maiali, giraffe, cammelli, lama e cervidi: tutti a pascolare pigramente, inconsapevoli del fatto che gli incidenti più pericolosi sono quelli sotto la doccia del bagno di casa.

Finalmente, la glaciazione mollò la presa e immense cascate d'acqua incominciarono a cadere dagli altipiani mentre, nel Caput Adriae e nelle vallate, lunghe lingue di ghiaccio originarono 62 fiumi fra i quali l'Adige, il Brenta, l'Isonzo, il Piave, il Tagliamento, il Timavo e il Torre, i quali produssero inondazioni inimmaginabili prima di arrivare al varco ben allargato da Adria milioni di anni prima. Una parte delle acque venne assorbita dalla terra ferma, mentre cascate enormi, tali da surclassare le Cascate Vittoria, incominciarono la loro scrosciante discesa dagli altipiani e dalle falesie di Duino, dritte dritte, nella vallata che, a poco a poco, divenne l'insenatura adriatica detta Golfo di Trieste.

Andò così che io, Timavo, fui pronto a tuffarmi nella prima ondata d'acqua glaciale che, va da sé, chiamammo Adria, come la giovane intrepida micro placca che, per prima, aprì il varco.

Alla fine l'Artico chiuse la ghiacciaia, ma non finì lì. La nebbia che si formò dette il via a immani torrenti di pioggia, che si abbatterono sulla terra di Gea per migliaia e migliaia di anni a.C. depositando, nei fondali della crosta terrestre, l'acqua che formò i primi mari. Tutto ciò quando il nostro Adria stava già muovendo i primi passi, giocando con il celeste delle sue onde.

La storia del Mar Adriatico, intrufolatosi tra la penisola italiana e la penisola balcanica grazie al varco di Adria, è una storia affascinante, con quell'aria di mistero che affonda le sue radici nelle tante, antichissime culture che si sono alternate lungo le sue splendide

tidi; per no parlar dei ipopotamidi, porchi, girafe, camei, lama e cervidi e, chi più ne ga più ne meti; tuti a pascolar, pian a pian, senza saver che i più pericolosi intopi xe quei soto la docia del bagno de casa.

A la fin, la glaciazion ga molà la presa e grandiose cascade de aqua le ga scominciado a travasarse dai altipiani in quel che, nel Caput Adriae e a vale, longhe lingue de iazo ga formado 62 fiumi, come l'Adige, el Brenta, l'Isonzo, el Piave, el Tagliamento, el Timavo e 'l Torre, che i ga fato inondazioni, che no se pol imaginar, prima de rivar al varco ben slargado de Adria milioni de ani 'vanti. Una parte de le aque xe stada ciuciada de la tera ferma, in quel che cascate grandiose, tanto de surclassar le Cascate Vittoria, le stava cominciando a ribaltarse zo dei altipiani e de le Falesie de Duino, drite, drite al valon adriatico.

Xe andà cussì che mi, Timavo, son sta pronto a tufarme ne la prima ondada de aqua iazada che, no cori dirlo, gavemo ciamado Adria, come la coragiosa microplaca che, per prima, ga verto l'l varco.

A la fin l'Artico ga serà la iazera, ma no la xe finida qua.

El caligo che se gaveva formado el ga dà 'l via a fortissimi torenti de piova, che se ga ribaltà su la tera de Gea per miara e miara de ani a.C. lassando, nei fondai de la crosta terestre, l'aqua che ga formà i primi mari. Tuta sta roba in quel che la nostra Adria stava za movendo i primi passi, zogando co'l zeleste de le sue onde. La storia del Mar Adriatico, intrufoladose tra la penisola italiana e quela balcanica, la xe 'na storia fassinante, co' quel'aria de mistero che fonda le sue radise ne le tante, antiche culture, che se ga alternado longo le sue splendide coste.

De dove vien el nome Adriatico xe un mistero complicado che ga diferenti spiegazion: chi disi che 'l vien de la cità de *Adria*, fondada dei Etruschi e del mar che

coste. L'origine stessa del nome Adriatico è misteriosa e complessa e dà adito a molte teorie: una è quella che derivi dalla città marittima di Adria, fondata dagli Etruschi, e dal mare che la lambiva associato al suo nome. Un'altra è quella del secondo secolo a.C. quando i Romani conquistarono Adria e cambiarono il loro antico nome di *Mare Nostrum* con il più virile *Mare Adriatico*.

La teoria che collega il suo nome a quello di Adria e Ático, che io Timavo preferisco, è quella che ci porta a una colonia di migranti greci che si stabilì vicina alle mie risorgive, fondando un porto importante che divenne un crocevia di scambi e interazioni tra genti diverse e, in ricordo della loro patria l'Attica, aggiunsero all'italica *Adria* il suffisso greco *Ático*. E da allora il nostro mare si chiamò *Mare Adriatico*. Il Golfo di Trieste fu la sua culla e le mie risorgive gli cantarono la ninna nanna...

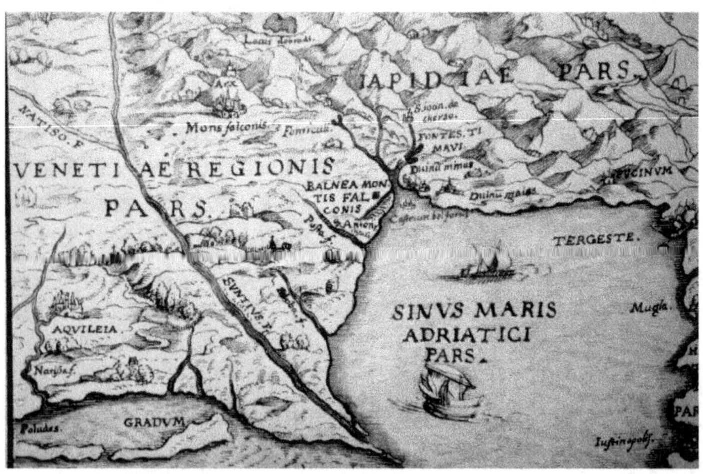

Valvasor anno 1553

la bagnava, ligado al suo nome. Un'altra xe quela del secondo secolo a.C. co i Romani ga conquistado *Adria*, e cambiado el loro nome antico de *Mare Nostrum* col più viril *Mare Adriatico*.

La teoria che meti insieme el suo nome a quel de Adria e Ático, che mi Timavo preferisso, xe quela che ne porta a 'na cologna de migranti greghi che se ga stabilido vizin a le mie fonti, fondando un porto importante che 'l xe diventà un bivio de scambi e contati tra gente diverse e, in ricordo de la loro patria l'Attica, i ga zontado al'italica *Adria* el sufisso grego *Àtico*. E de quela volta el nostro mar se ga ciamà *Mare Adriatico*. El Golfo de Trieste xe stada la sua cuna e le mie risorgive ghe ga cantà la nina nana...

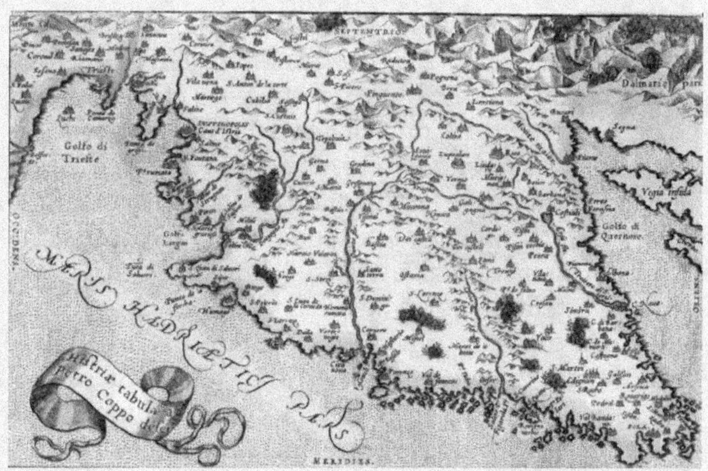

Mappa dell'Istria di Petro Coppo

La favola di Adria e Ático

Ai tempi immemorabili, quando gli dèi governavano la terra e le creature magiche danzavano alla luce della Luna, la madre terra Gea cadde vittima dei desideri di due dèi assetati di potere che ambivano a dominare l'intero globo: Efesto, dio del fuoco, che reclamò l'emisfero meridionale per alimentare i vulcani e accrescere il proprio regno, e Borea, dio del vento del Nord e del freddo, che si impossessò dell'emisfero settentrionale con l'intento di instaurare una glaciazione eterna da offrire in dono alla figlia Khione, dea della neve.

Accortasi dei loro propositi, Gea decise di rivolgersi al potente dio Mitra, il quale, rifugiato nel suo Mitreo, era il giudice degli dèi nei conflitti che li opponevano. Tuttavia, nessuno degli dèi potenti si rese disponibile per non coinvolgersi in una situazione così pericolosa. Pertanto Gea decise di inviare presso Mitra la sua leale e coraggiosa Avatar, Adria, la quale, per renderla ancora più affascinante, venne trasformata in una sirena dalle lunghe chiome blu e da una voce che incantava gli oceani. Nel frattempo, la dea della guerra Atena inviò in soccorso il suo Avatar, Ático, che, per non essere riconosciuto, venne trasformato in un maestoso drago dotato di squame dorate e ali adornate di piume, ma privo dell'aspetto malvagio e del fiato infuocato.

Nel frattempo, Borea ed Efesto, venuti a conoscenza del drago di Atena, decisero di creare un invincibile drago tutto fuoco e fiamme. Tuttavia, solo Efesto poteva forgiare una tale creatura. Borea, dubitando della sua lealtà, si introdusse segretamente nella sua fucina e, visto che il ferro contenuto nella caldera non gli piaceva, la svuotò e la riempì di rame. Efesto, al suo ritorno, troppo stanco per accorgersi della sostituzione del metallo, completò la creazione di quello che doveva

La fiaba de Adria e Ático

Al tempo dei tempi, quando i dèi i governava la tera e le creature magiche le balava al ciar de Luna, la mare tera Gea la xe stada vitima de la smagna de do dèi de poder conquistar l'intiero globo: Efesto, dio del fogo, che ga ciapà l'emisfero del Sud per stizar i vulcani e aumentar cussì la zona del suo regno, e Borea, dio del vento del Nord e de la zima, che se ga impadronido de l'emisfero setentrional co' l'intenzion de far una continua glaciazion de regalar a la fia Khione, dea de la neve.

Quando la se ga inacorto dove sti do voleva 'ndar a parar, Gea la ga pensà ben de contatar el potente dio Mitra, che, rintanado nel suo Mitreo, iera 'l dio de la giustizia che castigava i dèi che i iera in crica. Ma, in sua difesa, nissun dei potenti dèi se ga fato trovar, per no esser invis'ciado in una situazion 'ssai pericolosa.

Per sto motivo, Gea la ga pensà ben de mandar de Mitra la sua fedele e coragiosa avatar Adria e, dato che un fià de fassino no fa mai mal, senza che nissun sapi, la la ga trasformada in una sirena co' longhi cavei de un blu profondo e una vose che incantava i oceani.

Intanto, la dea de la guera Atena la ghe ga mandado in aiuto el suo avatar Ático che, per no farlo riconosser, la lo ga trasformado in un coragioso e magnifico drago dotado de scaie dorade e ali piene de piume, ma senza el muso de un drago cativo, né el fià de fogo.

Rivadi a saver 'sto fato del drago de Atena, Efesto e Borea, i se ga messo insieme per darghe vita a un invincibile e oribile drago tuto fogo e fiame. A crear 'na tal creatura podeva esser solo Efesto, el dio del fogo. Ma Borea, no fidandose de la sincerità del socio, el se ga intrufolado de scondon per sbisigar ne la sua oficina e, visto che 'l fero che iera nela caldera no ghe piaseva, la ga svodada e impignida de rame. Co 'l xe tornado

essere un drago più crudele che mai e, senza accorgersi della sostituzione del ferro, se ne andò beatamente a nanna, soddisfatto della sua opera.

Fu così che alla fine si ritrovarono con un pupazzo incapace nulla più di qualche gioco di prestigio e di leggere il futuro. E dato che solo questo sapeva fare, nei fondi di una coppa d'ambrosia lesse a loro predizioni di grande trionfo e distruzione di Gea, alle quali i due credettero.

Adria e Ático si avviarono verso il Mitreo e, durante il viaggio, trovarono refrigerio presso le risorgive di Timavo. Mentre ammiravano i loro nuovi aspetti riflessi nelle acque limpide del fiume, si scoprirono l'uno all'altro sotto le mentite spoglie di Sirena e Drago. Un'intensa felicità li avvolse e i loro cuori cominciarono a battere all'unisono e agitarsi come una trottola impazzita. Da quell'istante in poi nessuna freccia al mondo avrebbe potuto spezzare l'amore esploso fra loro, come un fulmine a ciel sereno. Tuttavia, dovettero separarsi per continuare la missione.

Una volta giunti al Mitreo, trovarono il dio Mitra fuggito a causa delle orribili minacce di Efesto e Borea. Neppure la sua vetustà o patologia artritica lo avevano fermato dal prendere armi e bagagli e fuggire in un rifugio più sicuro, che in seguito non fu più ritrovato.

A questo punto Efesto, incavolatissimo più che mai con Borea per lo scompiglio che aveva creato nella sua fucina, gli dichiarò guerra per appropriarsi anche dell'emisfero glaciale. I due ex alleati erano pronti a scagliarsi l'uno contro l'altro armati di fuoco e di ghiaccio.

Atena e Gea, nonostante tutto, inviarono Adria e Ático a mettere in guardia Efesto dalla tragedia alla quale non solo lui e Borea andavano incontro, ma l'intero globo. Fu come battere la testa contro il muro, i due belligeranti furono irremovibili e gli Avatar dovet-

indrio, Efesto iera tropo stanco per inacorgerse de la sostituzion ma 'l ga voludo istesso finir de far un drago più cativo che mai e, senza inacorzerse de la sostituzion del fero el xe 'ndado beato a nana, sodisfado del suo lavor.

Xe sta cussì che, a la fin, sta cubia de mati i se ga trovado fra le man un buratin che, a parte un misero colpeto de tosse, el saveva far gioghi de magia e leger el futuro. E dato che solo sta roba el saveva far, nei fondaci de una bicer de ambrosia el ghe ga leto un futuro roseo de vitorie a bion de dio, e i do ghe xe cascadi!

Intanto Adria e Ático i iera in viagio verso el Mitreo quando, stanchi del viagio, i ga trovà un fià de fresco ne le risorgive del Timavo. In quel che i se speciava i novi aspeti ne le aque ciare del fiume, i se ga scoperto l'un l'altro soto le bugiare vesti de Sirena e Drago. I ga provado un' infinita felicità, tanto che i loro cuori i ga scominziado a bater insieme come un solo e a girar come un zurlo amatido. De quel momento in avanti nissun dardo al mondo gaveria podudo romper l'amor s'ciopado fra de lori come una saeta a ciel seren. Ma i ga dovù separarse per continuar la loro mission.

Rivadi al Mitreo i lo ga trovado svodo: el dio Mitra 'l gaveva subido tal oribili minaze de parte de Efesto e Borea, che nissuna veciaia o patologia artritica lo gaveria fermado del ciapar armi e bagai e scampar in un rifugio tanto sicuro che, dopo, no 'l xe stado mai più ritrovado.

A sto punto Efesto, straincavolado co' Borea per gaver sbisigado ne la sua fucina, 'l ghe ga dichiarado guera per ciaparse anca l'emisfero de iazo: i do ex aleadi i iera pronti a scaiarse l'un contro l'altro armai de fogo e de iazo.

Atena e Gea, nonostante tuto, le ga mandado Adria e Ático a meter in guardia Efesto de la tragedia a la qual no solo lui e Borea i andava incontro, ma tuta la tera. Xe stado come bater la testa contro el muro, i do

tero fuggire più veloci della luce per non essere fatti prigionieri.

I due ex compari iniziarono la guerra: Borea fece avanzare i suoi ghiacciai, Efesto fece eruttare i suoi vulcani. Ben presto i due bricconi si resero conto che nessuno di loro avrebbe potuto cantare vittoria, in quanto i ghiacciai al contatto con il calore dei vulcani si fondevano e il vapore acqueo sprigionato dagli scontri generava una pioggia incessante. Il luogo di battaglia si trasformò in un vasto acquitrino, unico vincitore sul campo che, in tal modo, andò a formare l'Oceano Artico con tutti i suoi mari. Gea, senza colpo ferire, riacquistò il controllo del globo, mentre gli dèi scellerati, per non perdere la faccia, incolparono Adria e Ático della loro sconfitta.

I due Avatar trovarono rifugio nel Mitreo, ma Borea riuscì a trovarli e a separarli con un maleficio, che li condannò a un destino crudele. A ogni giro di luna, Adria si immergeva nelle profondità degli oceani mentre Ático volava verso la vastità del cielo, inconsapevoli l'uno dall'altra. Soltanto nelle notti di plenilunio potevano incontrarsi al volo, per poi separarsi prima dello spuntar del sole. Ma l'amore vero è eterno e Borea non poté contrastare la forza più potente di Gea e Atena, che non avevano dimenticato i loro Avatar dispersi. Dopo lunghe ricerche, le due dee li trovarono durante una notte di luna piena, il momento giusto per spezzare il maleficio. Adria e Ático si riconobbero e il loro amore illuminò di nuovo i loro cuori. Gea e Atena si commossero e concessero loro la libertà di vivere una nuova vita. Ático prese Adria fra le braccia e, insieme, in un cielo pieno di stelle si alzarono in volo verso Lira, la costellazione degli innamorati, dove vissero felici per sempre.

combatenti i xe stadi fermi sui propi intendimenti e i nostri do avatar i ga dovudo scampar più svelti dela luse, per no essere fati prigionieri.

I do ex compari i ga scomincià la guera: Borea ga fato 'ndar vanti le sue giazere, Efesto ga fato erutar i sui vulcani. Ben presto i do smafari i ga capido che nissun de lori gaveria podudo cantar vitoria, perché le giazere rivando al calor dei vulcani le se fondeva e 'l vapor aqueo formado dei scontri dava el via a una piova senza fin. El logo de la batalia se ga trasformà in una stragranda fanghera, unica vitoriosa sul campo che, in sta magnera, la ga formado l'Oceano Artico co' tuti i sui mari.

Gea, senza colpo ferir, la xe rivada a ricuperar tuto el globo, in quel che i do grembani per no far bruta figura i ga incolpado Adria e Ático de la loro sconfitta.

I due avatar i gaveva trovà scampo nel Mitreo, ma Borea 'l xe rivà a trovarli e a separarli con un malefizio, che li ga condanadi a un destin crudele. A ogni giro de luna, Adria se tociava ne le profondità dei oceani mentre Ático 'l svolava verso la grandeza del ciel, senza saver l'un de l'altro. Solo ne le noti de plenilunio i podeva incontrarse al svolo, per poi dividerse prima del spuntar del sol. Ma l'amor vero xe eterno e Borea no 'l ga podù 'ndar contro la forza più potente de Gea e Atena, che no le se gaveva dismentigado dei loro sperdudi avatar. Dopo un longo zercar, le do dee li ga trovadi in una note de luna piena, el momento bon per romper el malefizio.

Adria e Ático i se ga riconossudo de boto e 'l loro amor xe tornado a impizar i loro cuori. Gea e Atena le se ga comosso tanto de lassarli liberi de viver una nova vita. Ático ga ciolto Adria a brazacolo e, insieme, in un ciel pien de stele i se ga alzado in svolo verso Lira, la costelazion dei inamoradi, dove i xe vissudi felici per sempre.

La leggenda di madonna Bora

Molti, molti anni fa Vento, scorrazzando per il mondo con i suoi giovani figli e Bora, la figlia più bella e più amata, capitò in un verdeggiante altipiano che scendeva ripido verso il mare.

Bora si allontanò dall'allegra brigata dei fratelli, per correre a scombussolare tutte le nuvole che si trovavano in quell'angolo di cielo e a giocare con i rami dei quercioli e dei castagni, che si agitavano nervosi al suo passaggio. Dopo un po', stanca di correre di qua e di là senza alcuna meta, Bora entrò in una grotta dove, per la prima volta in vita sua, ha visto una cosa mai vista prima: un essere umano! Ma mica uno qualsiasi! Niente di meno che Tergesteo, uno degli argonauti di ritorno dalla Colchide, che si era riparato nella grotta per sfuggire a tutti quei refoli che, proprio lei, stava combinando!

Tergesteo era così forte e così bello e così diverso da Vento, e da Mare e da Terra e da tutto quello che fino a quel momento Bora aveva visto e conosciuto, che di colpo se ne innamorò.

E fu subito passione tempestosa, passione che Tergesteo ricambiò con eguale impeto: e i due vissero felici in quella grotta tre, cinque, sette splendidi giorni d'amore.

Allorché Vento si accorse della scomparsa di Bora (ci volle un bel po' di tempo perché i suoi figli erano tanti e molti di loro parecchio irrequieti) si mise a cercarla tutto infuriato. Cerca di qua, cerca di là, cerca che ti cerca, al vedere tanta furia tutti zittivano al suo passaggio, finché un cirro-nembo brontolone, irritato da tutto quel trambusto, gli rivelò il rifugio dei due amanti.

Vento arrivò alla grotta, vide Bora abbracciata a Tergesteo, e la sua furia diventò un terribile uragano.

La legenda de madona Bora

A l'Adriatico mi me iero afezionado, che 'l iera diventado un spetacolo superbo ma, a un zerto momento, go visto tra el blu missiado de le onde e de le corenti un picio punto. Una costruzion che la galegiava co' longhe zate de mussato che, movendose, le rompeva le onde per 'ndar vanti verso tera: iera 'na nave, che rivava del lontan Sud. Ghe son andado vizin co' quel zito e invisibile abrivio propio come i esseri de la natura e go visto sti novi rivadi co' i loro caschi spiumadi, co' i scudi tondi, coi visi scavadi per la fadiga e per la scotadura dei ragi del sol. Go visto anca 'l nome de la nave, la se ciamava Argo, ma più che legerlo su la prua de la barca, ve confesso che lo go leto ne la mente del nochier. Un de sti navigadori se ciamava Tergesteo e 'l era un bel giovine tanto pien de fassino de far inamorar persin la più bela fia de Vento: Bora! Sta qua xe un'altra storia, pardon, legenda! Ma mi no posso far de manco de contarvela!

Tanti, tanti ani fa Vento, scorubiando pe 'l mondo co' i sui giovani fioi e Bora, la sua fia più bela e più amada, el xe capitado in zima de un verde altipian che 'l se tociava drito in mar.

Bora, la xe scapolada via de sui fradei per zogatolar a scombussolar tuti i i nuvoli che se trovava in quel cantonzin de ciel e a giogar fra le zime dei carpani e dei castagneri che, bituadi a viver in pase, ghe vegniva i nervi a strassino del remitur che la fazeva passando. Dopo un poco Bora, stanca de zurlarse de qua e de là senza saver ben dove 'ndar, la xe entrada int'una grota dove, per la prima volta in vita sua, la ga visto 'na roba mai vista prima: un esser uman! Ma miga un qualsiasi! Gnente de manco che Tergesteo, un dei argonauti tornado indrio de la Colchide, che 'l se gaveva riparado ne la grota per scamparghe a tuti quei refoli che propio ela la stava combinando!

Senza che la disperata Bora potesse in alcun modo fermarlo, si avventò contro l'umano, lo sollevò e lo scagliò contro le pareti della grotta, finché l'eroe restò immobile al suolo, senza più vita.

Vento, per nulla pentito del suo gesto, ordinò a Bora di ripartire, ma lei impietrita dal dolore non ne volle sapere. Bora piangeva così disperatamente che ogni lacrima che sgorgava dal suo pianto diventava pietra.

Allora Eolo, che era un Dio saggio, ordinò a Vento di andarsene via e lasciare la figlia sul luogo che aveva visto nascere e morire il suo grande amore.

Ma Bora non smetteva di piangere, aggrappata al corpo del suo amato Tergesteo.

Madre Terra, con un nodo alla gola al vedere tanto dolore, per consolare la disperata Bora, dal sangue di Tergesteo fece nascere il Sommaco, che da allora inonda di rosso l'autunno in Carso. Ma Bora continuava a piangere, e le sue dure lacrime erano ormai talmente tante, da ricoprire tutto l'altipiano.

Allora Madre Terra, preoccupata per tutte quelle pietre, che rischiavano di rovinarle irrimediabilmente il paesaggio, le concesse di restare per sempre a regnare sul luogo della sua disperazione.

Le storie dei grandi amori finiti male commuovono sempre e così anche Cielo volle regalarle un miracolo, consentendo a Bora di rivivere ogni anno i suoi tre, cinque, sette giorni di splendido amore. Allora, e solo allora, Bora smise il suo pianto.

Anche Adriatico non volle essere da meno e diede ordine alle Onde di lambire il corpo del povero Tergesteo ricoprendolo di conchiglie, di stelle marine e di verdi alghe.

Così Tergesteo si elevò alto verso il cielo diventando più alto di tutte le alte colline che già coprivano quest'angolo di mondo.

Tergesteo el iera cussì forte e cussì bel e cussì diferente de Vento, e de Mar e de Tera e de tuto quel che fin in quel momento Bora gaveva visto e conossudo, che, deboto, la se ga inamorado. E tut'intun xe stà passion tempestosa, passion che Tergesteo ga ricambiado co' ugual forza: e i do xe vissudi contenti in quela grota tre, cinque, sete splendidi giorni d'amor.

Co Vento el se ga inacorto che Bora la iera andada a torzio de sola (ghe ga voludo un bel fià de tempo, perché i sui fioi i iera in tanti e massima de lori senza pase) el se ga rabià de bruto e 'l ga scominziado a zercarla, butando sotosora tuto el ziel, fin a che un de quei nuvoloni neri, ingropadi e brontoloni, stufo de tuto quel remitur, el ghe ga spiferado 'ndove 'l gavessi podudo trovar el rifugio dei do inamoradi.

Vento, 'l xe rivà a la grota, el ga visto Bora intorciolada a Tergesteo, e la sua furia xe diventada un uragan che no ve digo e no ve conto. Senza che la disperada Bora podessi in nissuna magnera fermarlo, el se ga scadenà sora de Tergesteo, sgnacandolo e sbatociandolo su e zo per la grota, fintanto che 'l nostro eroe xe restà fermo per tera, senza più respiro!

Vento, per gnente 'vilido per quel che 'l gaveva fato el ghe ga ordinado a Bora de vegnir subito via con lu'! Bora la ga tacado a pianzer a calde lagrime, tanto che ogni lagrima che cascava per tera diventava piera.

A sto punto Eolo, che'l iera un dio savio, ga ordinado a Vento de lassar star là in pase Bora sul logo che gaveva visto nasser e morir el suo grande amor. Ma Bora la pianzeva, grampada al corpo del suo amato Tergesteo.

Madre Tera, co' un gropo in gola al veder tanto dolor, per consolar la disperada Bora, del sangue de Tergesto la ga fato nasser la foiarola, che de quela volta la pitura de rosso l'autuno del Carso. Ma Bora no la finiva de pianzer, e le sue dure lagrime le iera oramai tante, da coverzer tuto l'altipian.

E i primi uomini giunti su queste terre si insediarono sulla collina del mitico eroe e vi costruirono un
Castelliere con le lacrime di Bora diventate pietre.

Con il passare del tempo il Castelliere divenne una
città che gli uomini, in ricordo di Tergesteo, chiamarono Tergeste, oggi Trieste, dove ancora Bora regna so-
vrana soffiandovi impetuosa: "chiara" fra le braccia del
suo amore, "scura" nell'attesa di incontrarlo.

Bora gioca con le nuvole da un
disegno di Sergio Budicin

Alora Madre Tera, preocupada per tute quele pie-re, che ris'ciava de rovinarghe el logo senza modo de refarlo, la ghe ga permesso de restar per sempre da re-gnar sul logo dela sua disperazion.

Le storie dei grandi amori finidi mal le comovi sem-pre e cussì anca Cielo 'l ghe ga regalado un miracolo, permetendo a Bora de riviver ogni ano i sui tre, cin-que, sete giorni de splendido amor. Alora e solo alora, Bora la ga smesso de pianzer.

Anca Adriatico ga voludo far la sua parte e 'l ghe ga ordinado a le Onde de lambir el corpo del povero ina-morado coverzendolo de conchiglie, de stele marine e de verdi alghe. E xe sta cussì che Tergesteo xe cressudo alto contra 'l ciel, diventando più alto de tute le alte co-line che za coverzeva 'sto cantonzin de mondo. E i pri-mi omini rivadi su 'ste tere se ga logado in zima a la co-lina del mitico eroe e i ghe ga costruido de sora un Castelier co' le lagrime de Bora diventade piere.

Co 'l passar del tempo, el Castelier xe diventado una zità che i omini, in ri-cordo de Tergesteo, i ga ciamado Tergeste, ogi Trieste, dove an-cora Bora regna so-vrana refolando co' furia: "ciara" a bra-zocolo del suo amor, "scura" nel spetar de incontrarlo.

Incontro di Bora e Tergesteo da un disegno di Sergio Budicin

2. PREISTORIA, MITI E LEGGENDE

Caput Adriae, terra di castellieri

Tutto quanto vi ho narrato finora accadde prima di risorgere dalle grotte e così, quando ritornai di nuovo in superficie, questo luogo che una volta era stato l'Eden, appariva nuovamente ricoperto da una folta e intricata foresta di querce. Sopra questa grande chioma verde si elevavano delle alture e, sotto queste alture, meraviglia!

Un pezzetto dell'estremità settentrionale del Mare Adriatico si era già ben inserito in un promontorio chiamato dai romani *Caput Adriae* (in parole povere *Capo Adriatico*), dalle rive coperte da rigogliosi pini marittimi e da Tergeste, una città che, nel corso dei secoli, stava diventando un importante centro commerciale, culturale e politico grazie alla sua posizione di crocevia tra l'Europa centrale e orientale e la regione mediterranea, che consentiva una tranquilla via marittima fra le centinaia di castellieri sorti nel contempo.

Durante l'età del Bronzo, più o meno 4000 anni or sono, i nostri ancestrali progenitori nomadi cacciatori-raccoglitori, giunti sulle coste del Caput Adriae, tro-

2. DE LA PREISTORIA A LA STORIA

Caput Adriae, tera de Castelieri

Tuto quel che ve go contado fin 'desso xe sucesso prima che mi andassi fora de le grote e cussì, co son vignudo de novo suso, sto logo, che 'na volta iera stado l'Eden, el pareva come prima pien de 'na fissa e intrigada foresta de roveri. Sora de tuta sta gran cavelada verde se alzava dele alture e sora ste alture, maravea!

Un tocheto de l'estremità setentrional del Mar Adriatico el se iera za ben inserido in un promontorio ciamado dei romani *Caput Adriae* (in parole povere *Capo Adriatico*), de le rive coverte de verdi pini maritimi e de Tergeste una città che, nel corso dei secoli, la stava diventando un importante centro comercial, cultural e politico grazie a la sua posizion de crocevia tra l'Europa central e oriental e la region mediteranea, che la iera diventada una tranquila via maritima fra le zentinera de castelieri costruidi za de prima.

Co xe rivada l'età del Bronzo, più o meno 4000 ani fa, i nostri primitivi progenitori torzioloni caciatori-racoglitori rivai su le rive del Caput Adriae, i ga trovà el logo ideal per una permanenza sicura de le loro tribù. Grazie a un rico teritorio de cazia, un mar che ofri-

varono finalmente il luogo ideale per una residenza stanziale delle loro tribù. Grazie a un ricco territorio di caccia, un mare che offriva abbondanza di pesci e molluschi e il suolo colmo di radici e frutta selvatica e, in particolare, grazie alla materia prima che il posto offriva senza colpo ferire, ammassarono pietra su pietra, costruendo in tal modo le prime abitazioni del territorio, che pian piano ospitarono agricoltori, allevatori di mandrie e, in particolare, commercianti d'ambra.

Numerosi sono i castellieri della nostra regione, contraddistinti dagli accumuli di pietre calcaree e di macerie dell'età del Bronzo.

Un prototipo dei castellieri, che si formarono in tutto il continente europeo, fu descritto persino da Omero nei versi che descrivono la casa di Eumeo, il fido custode delle greggi di Ulisse:

"(...) e la cinta era costrutta, elevata in un luogo difeso
da ogni parte, e bella e grande, in cerchio.
Da solo il porcaro per i maiali l'eresse
con delle grosse pietre, orlate al sommo da pruni.
Fuori confisse dei pali, lungo la cinta,
solidi e spessi, di quercia, ed aveva tratto loro la negra
scorza.
Ma dodici stalle facea nella cinta, vicine
l'una all'altra, giacigli ai porci; in ognuna di queste
stavano chiusi cinquanta maiali dormienti per terra,
femmine tutte, feconde: i maschi dormivano fuori (...)

Presso, simili a belve, giacevano i mastini, quattro,
che aveva allevato il porcaro, capo di gente."

Tratto da: *Odissea, Bologna, L: Cappelli, 1920.*
Traduzione di Marino de Szombathely.

va bastanza pesse e moluschi e la tera cariga de radise e fruti selvadighi e, sora de tuto, grazie a la materia prima che 'l posto ofriva senza colpo ferir, i ga tirado su piera su piera per costruir in sta magnera le prime "case" de le nostre parti che pian pian le ga ospitado i primi contadini, mandrieri e, in particolar, comercianti de ambra.

Tantissimi iera i castelieri de la nostra region, che ancora se nota per via dei cumuli de piere e de macerie. Tuto in giro a Trieste ghe xe ancora un mucio de ritrovamenti e, in particolar sul Monte Grisa, a parte 'l Santuario e una splendida vista sul Golfo de Trieste, se pol ancora veder quanto resta de un castelier de l'età del Bronzo.

Un primo tipo de castelier 'l xe sta financo scrito in rima de Omero su la casa de Eumeo, el fido custode de le bestie de Ulisse:

"(...) e 'l recinto iera costruido, in un alto logo difeso
de ogni parte, e bel e grando, in cercio.
De solo el porcaro per i maiali lo ga tirado su
Co' de le grosse piere, orlade in alto de rovi.
Fora 'l ga piantà dei pai, longo 'l recinto
duri e grossi, de rovere, che 'l ghe gaveva tirado via la
nera scorza.
Ma dodici stale 'l fazeva dentro 'l recinto, vizine
l'una a l'altra, letiere per i porchi; in ogniduna de ste
qua
i stava serai zinquanta porchi che dormiva per tera,
femine tute, gravide: i masci i dormiva fora (...)
Vizin, come belve, riposava i mastini, quatro,
che 'l gaveva alevado el porcaro, capo de gente".

Vincenzo Scussa nella sua "Storia cronografia di Trieste" scriveva: "Trieste, chiamata Tergeste dai Greci e Tergestum dai Romani, è una città vescovile europea situata ai confini d'Italia, incastonata nel più remoto lembo dell'Adriatico. La sua origine si fa risalire ai pronipoti di Noè, discendenti di Jafet, come attestato da un antico manoscritto episcopale che narra delle prime colonie in Italia. Questo avvenne tre anni dopo la confusione delle lingue alla torre di Babele, circa 278 anni dopo il diluvio, nel 1934 dalla creazione del mondo, l'anno 56 di Terah, padre di Abramo. Questa data precede di 14 anni la nascita di Abramo, di 72 anni la morte di Noè, di 885 anni l'arrivo dei Colchi in Istria, di 937 anni la caduta di Troia e di 1368 anni la fondazione di Roma, anticipando di 2118 anni la nascita di Cristo."

Questa cronologia potrebbe suscitare un sorriso da parte degli storici accademici, ma fino all'inizio dell'Ottocento era considerata accurata, basata su un calcolo biblico degli anni a partire dal 4052 a.C., considerato l'anno della creazione del mondo.

Anche se comprendiamo che questa cronologia non si basa su dati scientifici, ma piuttosto su miti, (come ad esempio l'anno 753 a.C. per la fondazione di Roma, ormai entrato nella sfera mitologica), possiamo immaginare la fondazione di Trieste nell'anno indicato da Scussa, il 2118 a.C., quando i discendenti di Javan, alla ricerca di nuove terre e aria salubre per coltivare i vigneti ereditati dal nonno Noè. Arrivati al Caput Adriae costruirono, su rilievi strategici, mura difensive con pietre che circondavano l'insediamento. A partire dalle età del Bronzo e del Ferro, a tutti gli effetti, i castellieri furono i primi centri abitati della regione.

Tratto da: *Vincenzo Scussa nella sua "Storia cronografia di Trieste dalla sua origine all'anno 1695", stampata nel 1863.*

Vincenzo Scussa ne la sua "Storia cronografia di Trieste" 'l scriveva: "Trieste, ciamada Tergeste dei Greghi e Tergestum dei Romani, xe una cità vescovil europea situada ai confin de l'Italia, incastonada nel più lontan toco de l'Adriatico. La sua origine provien dei pronipoti de Noè, successori de Jafet, come atestado de un antico manoscrito episcopal che conta de le prime cologne in Italia. Questa roba xe capitada tre ani dopo la confusion de le lingue a la tore de Babele, zirca 278 ani dopo el diluvio, nel 1934 da la creazion del mondo, l'ano 56 de Terah, papà de Abramo.

Questa data previen de 14 ani la nassita de Abramo, de 72 ani la morte de Noè, de 885 ani l'arivo dei Colchi in Istria, de 937 ani la fine de Troia e de 1368 ani la fondazion de Roma, anticipando de 2118 ani la nassita di Cristo."

Sta succession de fati poderia crear una ridada de parte dei storici academici, ma fin a l'inizio del Otozento la iera considerada fondada, basada su un calcolo biblico dei ani a partir del 4052 a.C., considerado l'ano dela creazion del mondo. Anche se capimo che sta sucession de fati no se basa su dati scientifici, ma pitosto su miti, (come a esempio l'ano 753 a.C. per la fondazion de Roma, ormai entrado ne la sfera mitologica), podemo imaginar la fondazion de Trieste ne l'ano indicado del Scussa, el 2118 a.C., quando i dissendenti de Javan, a la ricerca de nove tere e aria bona per coltivar le vigne ereditade del nono Noè, i xe rivadi al Caput Adriae dove i ga costruido, su coline o alture ingegnose, muri difensivi tiradi su co' piere o blochi de rocia, che i recintava l'insediamento. A partir da le età del Bronzo e del Fero, i castelieri xe stadi i primi centri abitadi de la region.

La progenie di Noè

Chiuse le porte dell'Eden ad Adamo ed Eva, agli umani non occorse troppo tempo per sprofondare in un'insanabile corruzione morale.

Allora il Creatore decise di punire tutti con un diluvio universale, risparmiando soltanto Noè con la sua famiglia, che si era mantenuta intatta dall'universale corruzione. Perciò ordinò a Noè di costruirsi un'ampia arca, o nave se dir si voglia, dove ripararsi con la sua famiglia dall'inevitabile catastrofe e portando con loro una o più coppie d'ogni specie animale. Noè, sempre ubbidiente agli ordini divini, eseguì ogni cosa, e così salvò sé e i suoi dall'universale sterminio. Erano passati molti anni dall'approdo sul Monte Ararat e ora Jafet, uno dei figli di Noè, guardava il suo gregge, o perlomeno ciò che ne restava. Un tempo aveva provato un vero piacere al vedere le sue pecore sane e robuste coprire la radura e riempire l'aria di belati, che sembravano arrivargli al cuore donandogli la pace e la serenità proprie della prosperità. Ora guardava sconsolato il terreno sottostante, dove pochi capi brucavano in silenzio ciò che rimaneva di un'erba un tempo verde e rigogliosa. Jafet si chiedeva come avrebbe fatto a passare l'inverno dopo il lungo periodo di siccità che aveva devastato il raccolto, il gregge e, non ultimo, l'animo. I suoi figli erano cresciuti e, fatti uomini, in breve tempo avevano aumentato la famiglia più di quanto avevano fatto lui stesso e i suoi fratelli. E ora la tribù era diventata troppo numerosa e il prossimo inverno non ci sarebbe stato sul loro territorio cibo sufficiente per tutti. A questo stava pensando Jafet cercando di immaginare cosa avrebbe fatto suo padre, Noè il giusto, *"colui che aveva trovato grazia agli occhi di Dio"*.

Jafet non era mai stato contattato da Dio, sebbene l'avesse invocato innumerevoli volte, e ben presto ave-

La raza de Noè

Serade le porte de l'Eden ai umani no ghe ga voludo tropo tempo per sprofondar int'una coruzion moral, che no iera possibile sanar. Alora el Creator ga deciso de castigar tuti co' un diluvio universal, risparmiando solo Noè co' la sua famea, che la se gaveva mantegnudo pura de l'universal coruzion. Per sto motivo 'l ghe ga ordinado a Noè de meter in cantier una stragranda arca, che saria come a dir una nave, dove ripararse co' la sua famea de la catastrofe che no se podeva evitar, e de portar co' lori una o più cubie de ogni tipo de bestie. Noè, sempre ubidiente ai ordini divini, el ga fato ben tuto, e cussì el se ga salvà lui e i sui dal sterminio universal.

Iera passadi 'ssai ani de l'arivo sul Monte Ararat e 'desso Jafet, un dei fioi de Noè, vardava le sue pegore, o almanco quel che ghe iera restado. Una volta 'l gaveva provado un vero piazer al veder le sue pegore sane e forti coverzer i prà e impignir l'aria de belati, che i ghe pareva rivarghe al cuor dandoghe la pase e la calma propie del ben star. Adesso el vardava sconsolado el teren, dove pochi capi i magnava ziti quel che restava de un'erba una volta verde e fiorida. Jafet el se domandava come che 'l gaveria fato a passar l'inverno, dopo el longo periodo seco, che gaveva rovinado la racolta, le bestie e, no ultimo, l'anima.

I sui fioi i iera cressudi e fati omini, in poco tempo i gaveva aumentado la famea più de quel che 'l gaveva fato lui istesso e i sui fradei. E 'desso la famea la iera diventada tropo granda e, co' l'inverno che 'l stava rivando, no ghe saria stado sula loro tera bastanza de magnar per tuti. A sta roba 'l stava pensando Jafet zercando de pensar cossa 'l gaveria fato suo pare, Noè 'l giusto, *"quel che 'l gaveva trovado grazia ai oci de Dio"*.

Jafet no iera mai stà contatado de Dio, siben lo gavessi invocado tantissime volte, e ben presto 'l gaveva

va lasciato le tende del fratello maggiore per andare con la sua famiglia in cerca di un territorio tutto suo, dove crescere i figli senza dover stare a sentire continuamente le lamentele della moglie sempre in disaccordo con le cognate o i pianti dei bambini, che ritornavano spesso alla tenda con i lividi delle baruffe fatte con i cugini.

Per di più, il suo gregge era diventato più numeroso di quello di Cam e, sebbene il fratello non gli avesse mai detto nulla, a volte gli pareva di aver intuito una nota d'invidia nelle sue parole. La sua decisione di abbandonare la tribù era venuta in una notte di primavera, dopo un sogno che, pur senza essergli rimasto nella memoria, gli aveva dato quella piccola spinta in più che ormai cercava da tempo nel suo animo. E così Jafet si era allontanato dalle tende di Cam, che l'aveva salutato benedicendolo. Avevano vagato a lungo e, nonostante le grandi difficoltà incontrate durante il loro vagare, la moglie aveva dato a Jafet molti figli e figlie e questo aveva portato alla famiglia altre figlie e altri figli e, a loro volta adesso due delle sue nuore erano gravide. Lui aveva saputo di altre famiglie che, in casi simili, avevano abbandonato alle bestie mangiatrici di uomini i nuovi nati, e di altre che, nel grande bisogno, si erano cibate dei loro elementi più deboli. Ma costoro non avevano conosciuto il Dio che aveva parlato a suo padre e Jafet, pur senza averlo saputo da nessuno, era consapevole che al Dio questo non sarebbe piaciuto.

Il freddo incominciava già ad annunciarsi. Gli uccelli si preparavano a partire e le donne trovavano sempre meno frutti della terra da portare all'accampamento. Jafet pensò che fosse venuto per lui il momento di rivolgersi a Dio, e lo chiamò con tutte le sue forze: *"Dio"*, gridò voltandosi da tutti i lati, perché non sapeva da che parte avrebbe potuto sentirlo.

"Dio, cosa devo fare?"

lassado le tende del fradel più grando per andar co' la sua famea in zerca de un logo tuto suo, dove cresser i fioi senza dover star a sentir sempre i lamenti de la molie che no l'andava d'acordo co' le cognade o el frignar dei fioi pici, che i tornava sovente indrio a la tenda co' i pestoni de le sbarufade fate co' i cugini.

E per de sora, el suo grege iera diventado più grando de quel de Cam e, siben el fradel no 'l ghe gavessi mai dito gnente, zerte volte ghe pareva de gaver capido un fià de invidia ne le sue parole. La sua decision de bandonar la tribù ghe iera vignuda in una note de primavera, dopo un sogno che, pur senza esserghe rimasto in amente, ghe gaveva dado quel sburtonzin in più che, a sto punto 'l zercava de tempo nel suo animo.

E cussì Jafet 'l se iera lontanado da le tende de Cam, che lo gaveva saludado dandoghe la sua benedizion. El ga portà la sua famea in giro per un fraco de tempo e, a dispeto dei grandi radighi incontradi in quel che i andava in giro, la molie la gaveva dado a Jafet una zaia de fioi e fie, e sto fato gaveva portado a la famea altre fie e altri fioi e, a sua volta, do de le sue gnore le iera inzinte. Lu' el gaveva savù de altre famee che, in casi come sti qua, i gaveva 'bandonado a le bestie "magnaomini" i novi nati e de altre che, nel grando bisogno, le gaveva magnado i fioi più lofi. Ma sti qua no i gaveva conossudo el Dio che 'l gaveva parlado a su pare e Jafet, anca senza gaverlo savudo de nissun, el saveva ben che al Dio sta roba no ghe saria piasuda.

La zima scominciava za a rivar. I usei i se preparava a partir e le done le trovava sempre meno fruti de la tera de portar a le tende.

Jafet ga pensado che fussi vignudo per lu' el momento de rivolgerse a Dio, e lo gaveva ciamado con tute le sue forze: "*Dio*", el gaveva zigado girandose de ogni parte, perché no 'l saveva da che parte el gaveria podù sentirlo. "*Dio, cossa devo far?*"

"*Fare, fare, fare...*", se questa era la voce de Dio, era veramente spaventosa. Ma Jafet era un uomo coraggioso e non si spaventò, ma rimase più che mai deluso.

Per la prima volta Dio gli aveva risposto e lui non era stato in grado di intendere le sue parole: "*Dio, Dio, cosa mi stavi a dire?*".

"*ire, ire, ire...*", rispose la voce e Jafet, che per rispetto della voce di Dio si era gettato al suolo, pensò che Dio gli indicava quello che, comunque, lui aveva pensato già come l'unica soluzione da prendere: i due figli maggiori Gomer e Javan dovevano partire e trovare nuove terre dove sfamare loro stessi e le loro già numerose famiglie.

Quando Jafet comunicò la sua intenzione ai figli ci furono alti lai e pianti in tutto l'accampamento.

Le mogli non volevano lasciare le sorelle e le sorelle abbandonare le madri; i mariti delle sorelle non volevano lasciare il territorio così ben conosciuto e le madri, seppure occupate con la nuova prole, si disperavano al pensiero di non vedere più i loro figli e figlie.

Anche i servi si disperavano: già il loro lavoro era faticoso al campo, cosa sarebbe stato durante un lungo viaggio, e chissà a quali e quanti pericoli si andava incontro, che terribili bestie mangiatrici di uomini si sarebbero incontrate sul loro cammino, e come avrebbero reagito le altre tribù durante l'attraversamento del loro territorio. I soli a essere felici erano i ragazzi, che scorrazzavano per il campo in attesa di una partenza che vedevano come un nuovo bellissimo gioco.

Jafet, il padre, aveva ordinato e mentre divideva equamente le pecore, gli asini e i cammelli che i due figli avrebbero portato nel loro viaggio verso l'ignoto, Gomer e Javan impartirono gli ordini ai servi di smontare le tende, alle donne di preparare le provviste e ai figli di aiutare il nonno con le greggi. Jafet benedì Gomer e gli indicò la via verso la prima stella della sera,

"Fare, fare, fare...", se sta qua iera la vose de Dio, la iera sul serio de paura. Ma Jafet iera un omo pien de coraio e no'l se gaveva spaventado, ma 'l iera restado più che mai scotado.

Per la prima volta Dio ghe gaveva risposto e lu' no'l iera stado bon de capir le sue parole. *"Dio, Dio, cossa te me volevi dir?"*.

"ire, ire, ire...", gaveva risposto la vose e Jafet, che per rispeto de la vose de Dio el se iera butado per tera, ga pensado che Dio ghe mostrava quel che, in ogni modo, el gaveva za pensado come l'unica magnera de far: i sui do fioi più grandi, Gomer e Javan, i doveva partir e trovar nove tere dove sfamar le lore do famee.

Co Jafet ga comunicado la sua intenzion ai fioi, in tute le tende ghe xe stadi alti lamenti e pianti: le molie no le voleva lassar le sorele e le sorele 'bandonar le mame, i marì de le sorele no i voleva lassar el posto cussì ben conossudo e le mame, siben ocupade co' i novi fioi 'pena nati, le smaniava al pensier de no veder più i sui fioi e fie. Anca ai servi ghe dispiaseva: el lavor de lori 'l iera za de fadiga a le tende, cossa 'l fussi sta in quel longo viagio e chissà a quai e quanti pericoli i andava incontro, che teribili bestie magna omini se gaveria incontrado per strada e come se gaveria comportado le altre tribù in quel che i traversava i lori teritori. I soli a esser contenti iera la muleria, che i andava su e zo per le tende spetando de andar via come un novo gran bel giogo.

Jafet, el padre, 'l gaveva ordinado e in quel che 'l divideva in modo giusto le pegore, i mussi e i camei che i do fioi gaveria portado nel loro viagio verso el sconossudo, Gover e Javan i ghe ordinava ai servi de smontar le tende, a le done de preparar le proviande e ai fioi de iutar el nono co' le bestie.

Jafet ga benedeto Gomer e ghe ga mostrà la via verso la prima stela de la sera, po' el ga benedido Javan, che 'l

poi benedì Javan, che s'incamminò verso il luogo dove il sole accende i primi fuochi del mattino.

Javan, giunse fino all'estremo Nord ai confini d'Italia, dove nasce l'Adriatico, alla ricerca di un luogo d'aria salubre, ricco di colli. Una colonia che crebbe ben presto perché vi arrivarono mercanti da ogni dove a caricare merci provenienti dall'altipiano o dal lontano Nord e a scaricare merci provenienti dalle terre calde del Sud. C'era l'acqua lì vicino e le navi potevano fare rifornimento, c'era un bel sole caldo e l'ospitalità della gente era già proverbiale.

Alla partenza Javan aveva portato con sé non solo le pecore e gli asini ma anche i migliori vitigni dell'uva coltivata dal nonno Noè.

Elisha, il più piccolo figlio di Javan, era deriso dai suoi fratelli perché aveva portato con sé un rametto striminzito, mentre loro si prendevano cura di vigorosi vitigni che promettevano il delizioso nettare del nonno Noè. Qui giunti, i vitigni di Javan produssero la Ribolla che sarà rinomata in tutta l'Europa medievale, ma fu proprio quel rametto deriso di Elisha che produsse il vino Pucino, amato persino dall'imperatrice Livia.

Vitigni del Friuli Venezia Giulia

se ga incaminado verso el logo dove 'l sol impiza i primi foghi de la matina. Javan xe rivà fin a l'ultimo nord al confin de l'Italia, dove nassi l'Adriatico, a la ricerca de un logo d'aria bona, rico de alture per far cresser le vide. Javan ga fondà una cologna che xe cressuda ben presto, perché ghe rivava mercanti de ogni dove a carigar robe che vegniva dei altipiani o del lontan nord e a scarigar robe che rivava de le tere calde del sud. Ghe iera l'aqua là vizin e le navi le podeva far rifornimento, ghe iera un bel sol caldo e l'ospitalità de la gente la iera za famosa. Co 'l xe partido Javan gaveva portado via con lu' no solo le pegore e i mussi, ma anca i meio vitigni de l'uva coltivada dal nono Noè. Elisha, el più picio fio de Javan, el iera ciapà in rider dai sui fradei perché 'l gaveva portado co' lu un rameto striminzido, in quel che i altri i se cioleva cura de robusti vitigni che i prometeva el delizioso netare del nono Noè.

Qua rivadi i vitigni dei fioi de Javan i ga prodoto la Ribola che po' la xe diventada rinomada in tuta l'Europa medioeval, ma xe sta propio quel rameto de Elisha, ciolto pel fioco, che 'l ga prodoto 'l Pucino, amado persin de l'imperatrice Livia.

Filari d'inverno

S.P.Q.R.: attenti ai Romani!

Prima dei Romani, verso il IV secolo a.C., calarono da queste parti i celti Carni e Catali che si mescolarono con i Greci che già avevano creato qui una base per il commercio con i Paesi del Nord, quasi sicuramente per l'ambra. Allora vivevano tutti in pace.

Un giorno però un grande numero di navi si avvicinò alla costa: erano grandi navi a remi con un'aquila dipinta sulle vele. Ne sbarcarono uomini armati, tutti vestiti nello stesso modo ed erano disciplinati, precisi, efficienti. Gli abitanti dell'altipiano li videro sbarcare dall'alto delle loro colline e si decisero a resistere, ma tutto fu vano. Nessuno poteva battere i Romani in battaglia perché essi erano nati per vincere e per fondare un grande impero.

Dopo l'arrivo dei Romani incominciò la Storia con la S maiuscola, cioè quella vera, perché finalmente si trovava qualcosa di scritto, prima sulle lapidi e poi sulle pelli di pecora, fino ad arrivare alla carta, alla letteratura e, più tardi ancora, ai documenti di archivio.

Infastiditi dalle escursioni degli Istri, i romani, nel 179 a.C., inviarono Mario Vulsone, che sbarcò vicino a Zaule e dopo una battaglia che già sembrava perduta, riuscì a vincerla: da quel momento si può dire che si incominciò a parlare di Tergestum, la Trieste romana.

Durante l'impero Tergeste crebbe e diventò Municipium, quindi città di tutto rispetto. Tanto che Augusto, verso il 32 d.C. riparò le mura per renderle più forti e sicure.

Francamente i Romani non erano propriamente una grande disgrazia, dato che costruirono una città ricca di marmi e raggiunta da un acquedotto che portava l'acqua dalla valle che più tardi chiamarono Rosandra. Costruirono anche un teatro e numerosi monumenti come quell'Arco che tutti, senza sapere

S.P.Q.R.: ocio ai Romani!

Prima dei Romani, verso el IV secolo a.C. xe caladi zo i celti Carni e Catali che se ga miscià coi greghi, che za gaveva qua una base per 'l comercio coi Paesi del Nord, quasi de sicuro per l'ambra.

In quela volta par che tuti i viveva in pase.

Un giorno però se ga visto un gran numero de navi rivar a la riva: iera grandi navi a remi co' un'aquila piturada sora le vele. Xe sbarcadi omini armadi, tuti vestidi nela stessa magnera, i iera obedienti, precisi, forti. I patochi de l'altipian li ga visti sbarcar de l'alto e i ga deciso de resister, ma tuto xe sta inutile. Nissun podeva bater i Romani in batalia perché sti mati i iera gente nata per vinzer e per fondar un grande impero.

Dopo l'arivo dei Romani comincia la Storia co' la S maiuscola - val a dir quela vera - perché finalmente se trova qualcosa de scrito, prima sora le lapidi e po' sora le peli de pegora, fin a rivar a la carta, a la leteratura e, più tardi ancora, ai documenti de archivio.

Sti romani xe rivai qua perché i Istri ghe dava fastidio e cussì Mario Vulsone, nel 179 a.C., sbarca vizin Zaule e dopo una bataglia che za pareva persa el vinzi: da alora se pol dir che se comincia a parlar de Tergestum, la Trieste romana.

Durante l'impero Tergestum cressi e diventa Municipium, che ogi saria comùn, città de tuto rispeto insoma. Tanto che Augusto, verso el 32 d.C. ghe refa i muri per farla più forte.

A dirla s'cieta i Romani no i iera propio una granda disgrazia dato che i ga costruido 'na granda città rica de marmi e co' un aquedoto che portava l'aqua de la vale che più tardi i gaveria ciamado Rosandra.

I ga anca messo su un teatro e tanti monumenti come quel Arco che tuti, no se sa ben el perché, i ghe disi de Ricardo. Sora del montisel, dove se slargava la

il perché, chiamano di Riccardo. Sulla sommità del colle, ai piedi del quale si stendeva la città elevarono una basilica dove tenevano tribunale e mercato e templi sontuosi. Era una meraviglia questa città romana e quando, nel 140 d.C., Fabio Severo, senatore triestino a Roma, ottenne la cittadinanza per tutti, i suoi cittadini poterono chiamarsi anch'essi romani, e tutti si sentirono fieri di appartenere a questo luogo e di parlare una lingua, il latino, che tutti capivano persino a settimane di cammino di distanza.

Tergeste crebbe ben presto perché vi arrivarono mercanti da ogni dove a caricare merci provenienti dall'altipiano o dal lontano nord e a scaricare merci provenienti dalle terre calde del sud. C'era l'acqua lì vicino e le navi potevano fare rifornimento, c'era un bel sole caldo e l'ospitalità della gente era già proverbiale.

A. Rieger (1834-1905). Tergeste colonia romana vista dal porto

cità, i ga tirà su una basilica dove i tigniva el tribunal, el mercà e i templi dei dèi. Iera una meravea sta città romana e, quando i sui citadini i ga podudo ciamarse anca lori romani, più tardi nel 140 d.C., co Fabio Severo, senator triestin a Roma, el xe rivado a darghe la citadinanza a tuti, tuti i se ga sentido onoradi de partegnir a quel logo e de parlar una lingua, el latin, che tuti i capiva persin anca lontan a setimane de caminada. Tergeste xe cressuda 'ssai presto perché ghe rivava mercanti de ogni dove a carigar roba de l'altipian o del lontan nord e a scarigar roba che vegniva dele tere calde del sud. Ghe iera l'aqua vizin e le navi le podeva far rifornimento, ghe iera un bel sol caldo e la gente iera famosa per esser cocola.

Tergeste romana

La scoperta di Bacco

Tutte le terre furono sottomesse e gli dèi delle rocce e delle grotte, delle acque sotterranee e degli alberi furono sostituiti dagli dèi che portavano un nome: Giove, Giunone, Apollo, Marte, Venere e molti altri dèi che crapulavano, fornicavano e bevevano ambrosia come otri con il cocchiume stappato, tanto che...

Ma, a proposito degli dèi, voglio raccontarvi un altro fatterello, che riguarda, beh... lo saprete subito!

Un bel giorno, quando il mondo era giovane, Giove s'avvide che nell'alto dell'Olimpo gli dèi se la spassavano felici e contenti mentre tra gli umani della Terra, imperava la tristezza e il mugugno.

Infastidito, chiamò il suo giullare, il quale benché mezzo mortale e mezzo dio, era più gaudente e furbo di tutti gli immortali.

"Bacco," gli disse. "*Tu che sei di vile razza bastarda, secondo te perché gli uomini sono così tristi e mosci?*"

"*Ma vogliamo scherzare?*", rispose Bacco. "*Il pane di casa annoia! Quassù noialtri andiamo avanti a Nettare e Ambrosia, ma quei poveretti laggiù vanno a latte e abbacchio e pancia che non gode non mette buon umore!*"

Giove, che era Sommo più di un poeta, lo spronò: "*E sai che facciamo? Vai giù e risolvimi questo problema!*"

Rispose Bacco che, da furbone, aveva subito annusato un ricco 'do ut des': "*Ma siete serio? Che cosa blaterate? Io vado a fare tutto il lavoro e voi state qua a grattarvi la pancia? Io ci vado, eh? Ma se combino l'affare, mi fate diventare anch'io un Dio dalla testa ai piedi!*".

Giove sbottò: "*Ora vattene lesto e con la soluzione torna presto!*".

E così, appena messo piede sulla terra, Bacco s'imbatté in due abbondanti poppe, che sostenevano un cesto colmo d'uva. Bacco intuì subito che doveva trat-

La scoperta de Baco

Tute le tere le xe stade sotomesse e i dèi dele roce e dele grote, dele aque sototera e dei alberi xe stadi sostituidi da quei dèi che gaveva un nome: Giove, Giunone, Apollo, Marte, Venere e tanti altri dèi che smagnazava, i fazeva sesso e i tracanava ambrosia come otri con el tapo stapado, tanto che...

Ma, a proposito de i dèi, voio contarve 'na storiela che la parla proprio de 'sti dèi crapuloni:

Un bel giorno, co 'l mondo iera giovane, Giove 'l se ga inacorto che suso in Olimpo i dèi se la spassava felici e contenti, in quel che tra i omini de la Tera regnava la smara e 'l mugugno. Infastidido, 'l ga ciamado el suo paiazo che, anca se mezo mortal e mezo dio, 'l iera 'l più contento e furbo de tuti quei che no i moriva mai.

"*Baco,*" el ghe ga dito, "*ti che te son de vil raza bastarda, fame saver perchè sti omini i xe cussì abatudi?*"

"*Caro Giove,*" ghe ga risposto Baco, "*el pan de casa stufa! E quassù noialtri stemo a Netare e Ambrosia, ma quei povereti, zo in basso, i sta a late e abachio e, panza che no godi no meti bon umor!*"

"*Ma te sa cossa femo?*", ga dito Giove, "*Va zo e giustime sto problema.*"

"*Cossa femo? Ma che stupidade vu me ste disendo?*", ga risposto Bacco. "*Mi vado a far tuto el lavor e vu' ste qua a gratarse la panza? Mi ghe vado, eh? Ma se ve combino l'afar, me fe diventar dio anca mi, de testa a pìe!*"

Giove xe sbotà: "*Adesso va subito via e torna indrio de boto co' la soluzion!*"

E cussì, pena messo pìe in tera, Baco se ga scontrado co' do grosse tete, con posado per de sora un zesto pien de ùa. Baco ga subito capì che doveva tratarse de 'na femina perché no la gaveva in man la clava, che i mas'ci i usava portar come 'na spada.

tarsi di una 'femmina' perché non aveva in mano la clava, che i maschi solevano portare a mo' di spada.

A quella visione, atta a scaldare il cuore, Bacco si sentì ardere l'ugola con tutto il sottostante e, fattosi galante, implorò la donzella di fargli passar l'arsura.

Costei, che si chiamava Arianna, lo portò nella sua capanna e, poiché il ruscello era lontano e il latte era cagliato, lo dissetò spremendo l'uva con le sue mani garbate al gesto e al tatto.

"*Buona!*", esclamò Bacco tutto eccitato e, poiché anche da mezzo dio certe cose gli era concesso di fare, trasformò alcune gocce di succo cadute a terra in una tinozza tutta piena ma, preso dalla fretta, la sua metà mortale si dimenticò le scorze nel succo e, per di più, di dire: "*Amen!*".

"*Oh!*", sussurrò Arianna. "*Se ci fosse anche l'idromassaggio, mi farei anche un bel bagno!*"

Con parole dolci più del miele, lui assentì a suo modo: "*Eccola qua! Un miracolo al giorno leva il medico di torno, l'idromassaggio te lo faccio domani.*"

E poi... e poi... e poi... furono molti i poi, perché, nella tinozza, succo e scorze ebbero buon tempo di farsi mosto e il mosto di farsi un nettare dal gusto così vigoroso e vivo che Bacco, districatosi dalla bella Arianna, nel dissetarsi lanciò un peana che raggiunse l'Olimpo: "*Per Giove! Buono est, est, est!*".

Giove all'udirlo gioire in tal modo piombò fulmineo giù e che vide? Vide che gli umani bevendo quel succo con 'magno gaudio', mangiavano, cantavano, ridevano, ballavano e... per di più fornicavano!

E così pure Giove volle assaggiarlo e: "*Per me istesso!*", sentenziò. "*Hoc est Nettare divino!*"

E sicché, come insegna la morale, cento cavalli non possono tirare indietro la parola data, in un Amen promosse Bacco a dio immortale!

A quela vision, che scaldava el cuor, Baco se sentì arder el gargato co' tuto el sotostante e, diventado galante, el ga pregà la giovine de farghe passar la sede.

Sta mula, che se ciamava Ariana, lo ga portado ne la sua capana e, dato che el rivo iera lontan e el late andà de mal, la lo ga dissetado strucando l'uva co' garbo e le sue man gentili al gesto.

"*Bona!*", ga esclamà Baco tuto imborezado e, sicome anca de mezo dio zerte robe ghe iera permesso de far, el ga trasformado qualche ioza del sugo, cascade per tera, int'una mastela tuta quanta piena ma, fazendo in freta e furia, la sua metà che, ahimè, meza mortal la iera, int'el sugo la ghe ga lassà anca le scorze e 'l se ga dismentigado de dir: Amen!

"*Oh!*", ga sussurado Ariana: "*Se ghe fussi anca l'idromassagio, qua poderia financo farme el bagno!*".

Co' parole dolzi più del miel, lu' ga dito a suo modo sì: "*Eco qua! Un miracolo al giorno cava el medico de torno, l'idromassagio te lo fazo doman*".

E po'... e po'... e po'... xe stadi 'ssai i po', ché nela mastela, sugo e scorze i ga 'vudo bon tempo de farse mosto e 'l mosto farse un netare de gusto cussì forte e generoso che Baco, molandose da la bela Ariana, nel dissetarse 'l ga esclamado un canto che xe rivado a l'Olimpo: "*Per Giove! Bonum est, est, est!*".

Giove al sentirlo goder in 'sto modo, come un fulmine el xe piombà zo e, cossa 'l ga visto? El ga visto che i omini bevendo quel sugo co' "magno gaudio" i magnava, cantava, rideva, ballava e, per de sora... i fazeva sporchezi!

E cussì anca Giove 'l ga volù sagiarlo e: "*Per mi istesso!*", el ga sentenziado. "*Hoc est Netare divino!*"

E cussì, come la moral insegna, dato che zento cavai no i pol tirar indrio la parola dada, in un Amen el ga promosso Baco a dio imortal!

Da quel lontano giorno gli uomini brindano allegramente a Bacco e, nella fretta di ordinare all'oste quel "Nettare divino" finirono per chiamarlo semplicemente "vino"!

Piazza Unità: Fontana dedicata a Teti,
dea dell'acqua dolce

Da quel lontan giorno i omini i brinda alegramente a Baco e, ne la furia de ordinar a l'oste quel "Netare divin" i ga finido per ciamarlo a la bona: "vin"!

Piazza Unità: Fontana dedicata a Venere,
dea dell'acqua salata

Il flagello di Dio

406 d.C., Asia Centrale.

Fu Attila, il sovrano degli Unni, il primo ad affacciarsi verso l'Adriatico nell'anno 452 d.C. Imponente e spietato, avanzava minaccioso verso Roma, ma persino il re degli Unni dovette piegarsi alla forza del destino e alla saggezza del mare. L'impervio "Ciccio no xe per barca" lo fermò, costringendolo ad assediare Aquileia. Lì, la sua feroce orda spazzò via ogni traccia di vita, tanto che persino i topi sopravvissuti si smarrirono tra le macerie, incapaci di ritrovare la via di casa.

Gli Unni, popolo nomade e guerriero delle lande siberiane, non erano certo dediti al lusso o al conformismo. Vivevano in simbiosi con i loro destrieri, come fossero un tutt'uno. Si nutrivano di radici e carne cruda, preparata con rituali ancestrali tra le cosce dei cavalieri e le dorate crini degli equini. Questa ricetta, nota come "a la Tartara", sarebbe diventato un'icona culinaria nel corso dei secoli.

La loro esistenza errante li vedeva viaggiare con tende mobili dette yurte e carri coperti di pelli di pecora e cammello, accompagnati dalle donne, dai bambini e dalle mandrie. Sebbene privi di un credo religioso definito, erano legati da un profondo rispetto per gli sciamani e i veggenti, le cui profezie governavano il loro destino.

Nel vasto cielo stellato dell'Asia Centrale, nacque un bambino destinato a gettare un'ombra indelebile sulla storia dell'Alto Medioevo. Attila, il futuro Re degli Unni fin da giovane, dimostrò una natura oscura, eliminando senza pietà zio e fratello, per emergere come una forza imponente, guadagnandosi il soprannome di "flagello di Dio", poiché dove lui metteva piede, l'erba non cresceva più.

El flagelo de Dio

406 d.C., Asia Centrale.

Atila, el Re dei Uni, xe sta 'l primo a puntar verso l'Adriatico nel 452 d.C.: grandezoso e senza pietà, l'andava 'vanti, metendo paura a tuti, verso Roma, ma financo el Re dei Unni el ga dovù piegarse a la forza del destin e a la sapienza del mar. El solito proibitivo "Cicio no xe per barca" lo ga fermà, e 'l se ga trovà a dover assediar Aquileia. Là, el suo feroce mucio de barbari ga scovà via ogni segno de vita, tanto che financo i sorzi sopravissudi i se ga perso tra le macerie, no savendo più trovar la via de casa.

Gli Uni, vagabondi e guerieri de le pianure siberiane, no i iera de sicuro 'bituadi al lusso o al viver civil. I viveva insieme ai loro cavai, come i fussi un tut'uno. I magnava radise e carne cruda, preparada a l'antica, tra i schinchi dei cavalerizi e le dorade crine dei cavai. Sta riceta, conossuda come "a laTartara", saria diventada una prelibateza culinaria nel corso dei secoli.

El suo modo de viver in movimento li vedeva viagiar con le loro tende mobili, ciamade yurte e cari coverti de peli de pecora e camel, compagnadi de le done, dei fioi e de le mandrie. Siben no i gaveva una fede, i iera ligadi de un grando rispeto per i sciamani e i vegenti che, co' le loro profezie i governava el loro destin.

Nel sconfinado ciel stelado de l'Asia Centrale, nel lontan 406 d.C., nasseva un picio destinado a butar un'ombra incancelabile su la storia de l'Alto Medioevo. Atila, el futuro Re dei Unni fin de giovine, 'l ga dimostrà una natura nera, eliminando senza pietà zio e fradel, per far emerger la sua potenza sora de tuti, guadagnandose 'l soranome de "Flagelo de Dio", perché dove che 'l meteva pìe lui, l'erba no cresseva più.

Quando Attila venne al mondo, il padre lo presentò a tutta la tribù, proclamando il nome che, in seguito, avrebbe mandato brividi lungo la schiena al solo sentir nominar: *"Attila! Attila! Attila!"*. Sollevando il neonato verso il firmamento stellato, gli sciamani e i veggenti tessero le profezie che avrebbero segnato il suo destino. *"Sarà un sovrano destinato a dominare il mondo intero, ma..."*

La più anziana tra le veggenti aggiunse il fatidico ma, *"ma non dovrà mai avvicinarsi alla Città d'Oro"*. Questo ammonimento si insinuò nella mente di Attila come un mantra.

Attila, salito al potere come Re degli Unni, puntò le sue lance contro l'Impero Romano d'Oriente, mandando i suoi esploratori in avanscoperta, non solo per mappare i territori, ma, soprattutto per evitare l'incontro con la Città d'Oro della profezia. Andò così che, nella primavera del 452 d.C., nel mentre gli esploratori cavalcavano nel Caput Adriae verso Tergeste, giunti alle porte della città ebbero una visione straordinaria: la moltitudine delle ginestre che circondavano la città di un intenso giallo oro e il riverbero del sole di primavera splendente sul mare avvolgeva la città come un anello d'oro scintillante.

Non c'era dubbio, gli esploratori acceccati dal sole ebbero la certezza di aver trovato la città proibita; voltarono i cavalli e ritornarono a spron battuto da Attila. Con quel caratterino che aveva il Re degli Unni, non si sa se i forieri della grande notizia furono impalati o coperti di doni. Certo è che il flagello di Dio, dopo aver "fracta Aquileia", decise di non rivolgere lo sguardo verso oriente, ma di proseguire la sua marcia su Roma, lasciando dietro a lui solo terrore e desolazione.

Quando Atila xe vignù al mondo, 'l pare lo ga presentado a tuta la tribù, nunziando 'l nome che, tempo dopo, gaveria mandado brividi longo la schena al solo sentirlo nominar: "*Atila! Atila! Atila!*".

Alzando 'l pena nato picinin verso 'l firmamento stelado, i sciamani e i vegenti i ga tessudo le profezie che doveva segnar el suo destin. "*Sarà un Re destinado a dominar 'l mondo intiero, ma...*", la più vecia tra le vegenti la ga zontado el fatidico ma, "*ma no'l doverà mai andar nella Città de Oro*".

Sto aviso se ga inserido ne la mente de Atila come un mantra.

Atila 'l xe rivà al potere come Re degli Unni e 'l ga puntado le sue lance contro l'Impero Romano mandando esploratori in avanscoperta, no solo per mapar i teritori, ma sora de tuto per evitar l'incontro con la Città de Oro de la profezia. Xe sta cussì che, ne la primavera del 452 d.C., in quel che i esploratori i cavalcava nel Caput Adriae verso Tergeste, rivadi a le porte de la città i ga 'vudo una vision straordinaria: la granda espansion de le ginestre che circondava la città de un fisso gialo oro e 'l riverbero del sol primaveril che brilava sul mar, involtizava la città come un scintilante anel de oro.

No ghe iera indecision che tegni, i esploratori orbadi del sol i iera sicuri de gaver trovado la città proibida; i ga voltà i cavai e i xe ritornadi a spron batudo de Atila. Co' quel caraterin che gaveva 'l Re dei Uni, no se sa se i messageri de la granda notizia i xe stai impalai o coverti de regali. Zerto xe che 'l "flagelo de Dio", dopo gaver "fracta Aquileia", 'l ga deciso de no voltarse verso est, ma de 'ndar 'vanti con la sua marcia su Roma, lassando drio de lui solo teror e desolazion.

La calata dei barbari

Nel tumulto dei tempi che seguirono il crollo dell'antico impero romano, un'epopea barbarica si dipanò attraverso le valli del Vipacco. Giù per quei sentieri impervi si riversò un'orda temibile di barbari "sine bragis", il cui alito pestilenziale annunciava solo fame e pretese di ospitalità gratuite.

Nel 568 d.C. arrivano i veri barbari, i Longobardi, più terribili della "Disgrazia Ungarorum" del Friuli e, già che ci sono, fanno "tabula rasa" anche di Tergeste, tanto che i pochi cittadini riusciti a scappare rientrano solo tre anni dopo ed erigono le mura per difendersi. Meno male che i Longobardi vengono gettati fuori a pedate dai Bizantini che, a loro volta, vengono scacciati dai Carolingi.

E prima? Sono secoli oscuri, non ci sono documenti. Tergeste faceva parte dell'Impero di Bisanzio e dipendeva da Ravenna dov'era di stanza la flotta. I Tergestini erano considerati gente di confine e, per questo motivo, incaricati di formare un piccolo esercito, il Numerus, per difendersi dai barbari, nonostante ciò i Longobardi arrivarono anche qui. Alla fine anche i Longobardi diventarono civili, costruirono chiese, scolpirono magnifiche statue e preziosi ornamenti. Furono sottomessi dai Franchi condotti dal loro Re: un personaggio imponente che si chiamava Carlo e che per la sua potenza veniva chiamato Magno, da qui: Carlomagno!

Poiché i Franchi volevano venire in Italia, con una scusa si sono messi contro i Longobardi e, sconfiggendoli, sono giunti anche loro a Tergeste. Per un po' d'anni sono rimasti qui, quasi come Napoleone molti anni dopo.

Di quel tempo abbiamo un documento importante: il Placito del Risano del 804 d.C.

La calada dei barbari

Nel tananai dei tempi andai che 'l xe rivà dopo el crolo de l'antico impero roman, una marea de barbari se ga spanto zo per le vali del Vipaco. Per grembani pieni de cogoli galopava un zavai spaventoso de barbari, che no i gaveva gnanca le braghe e co' un fià pestifero che nunziava solo fame e pretese de esser ospitadi a sbafo.

Nel'ano Domine 568 se fionda i veri barbari, i Longobardi, che i xe pezo de la "disgrazia "hungarorum" in Friul e, za che i xe là del moto, i fa tabula rasa anca de Tergeste, tanto che i pochi citadini rivai a scampar i torna indrio 'pena tre ani dopo e i tira su novi muri a difesa.

Manco mal, i Longobardi i vien butadi fora a piade dai Bizantini che, a sua volta, i xe scazai via dei Carolingi.

E prima? Xe secoli 'ssai scuri, no xe documenti. Trieste fazeva parte dell'Impero de Bisanzio e la dipendeva de Ravena dove ghe iera la flota. I Triestini iera considerai gente de confin e per questo incaricadi de formar un picio esercito, el Numerus, per difenderse dei barbari, ma istesso i Longobardi xe rivai anca qua.

A la fin anca i Longobardi i xe diventadi civili, i ga costruido ciese, scolpido magnifiche statue e preziosi ornamenti. I xe stadi sotomessi dal re dei Franchi: un tipo gandioso che se ciamava Carlo e che, per la sua potenza, veniva ciamado Magno: Carlomagno!

Sicome i Franchi voleva vignir in Italia, co' na scusa i se ga messo contro i Longobardi, i li ga ben remenai e i xe rivai anche lori a Trieste. Per un pochi de ani i xe restai qua, come Napoleon 'ssai dopo. De quel tempo gavemo un documento importante: el Placito del Risano del 804 d.C.

Istriani e Triestini si lamentavano perché i Franchi facevano arrivare altra gente, tutti pagani, nelle campagne spopolate e, allora, sono giunti a un accordo con gli ambasciatori di Carlomagno: tutti contenti!

Dopo Carlomagno l'impero si è diviso, ma la parte centrale con la Germania e l'Austria e alcuni staterelli ancora, è rimasta col nome di Sacro Romano Impero, un impero che sarebbe rimasto per un mucchio di secoli.

L'impero si divise in tanti piccoli regni e i re affidarono le terre e le città ai loro vassalli, secondo un sistema che chiamarono feudale. Spesso i feudatari erano anche ministri della chiesa, quella nata dal sacrificio dei martiri, e così Tergeste divenne un piccolo stato dominato dal suo Vescovo il quale, a sua volta, dipendeva dal Patriarca della vicina città di Aquileia, che era stata una grande città romana.

Fatto sta che l'Imperatore Lodovico, nel 844d.C., fece grandi regali ai Vescovi di Trieste e non finì qui: nel 948 d.C. Lotario gli regalò addirittura la città e da quella volta, per tanto tempo, i Vescovi sono rimasti come Signori di Tergeste. Peccato che i documenti che abbiamo erano tutti falsi... però ormai era fatta!

Possiamo consolarci pensando che i triestini si facevano sempre onore: nel 889 d.C. ben 300 triestini difesero l'imperatore Berengario in una battaglia contro il duca di Spoleto, cosa fosse andato a fare lì ancora i triestini se lo domandano.

A quel tempo Tergeste era cambiata moltissimo: s'era rimpicciolita, come rinsecchita, per il freddo della paura dentro le mura tirate su in fretta e furia per difendersi dalle invasioni. Fuori dalle più antiche mura romane, c'erano ville lussuose e giardini e terme, ma di tutto questo restavano soltanto rovine, saccheggiate dai cittadini, che portavano via le pietre già squadrate

Istriani e Triestini i se lamentava perché i Franchi fazeva vignir altra gente, tuti pagani, ne le campagne spopolade e alora i se ga messo d'acordo coi ambassiadori de Carlomagno: tuti contenti!

Dopo Carlomagno, l'Impero se ga diviso ma quela parte centrale, co' la Germania e l'Austria e altri pici regni ancora, xe restada col nome de Sacro Romano Impero, un impero che gavaremo in mezo per un mucio de secoli.

L'impero se gaveva diviso in tanti pici regni e i re ghe dava in cura le tere e le città ai loro vassali, secondo un sistema che i gaveva ciamà feudale. Spesso i feudatari i iera anca ministri de la ciesa, quela nata del sacrifizio dei martiri, e cussì Tergeste la iera diventada un picio stato dominado dal suo Vescovo che, a sua volta, dipendeva del Patriarca dela vizina città de Aquileia, che iera stada una granda città romana.

Fato xe che l'Imperator Lodovico, nel 844 d.C., ghe ga fato grandi regali ai Vescovi de Trieste e no xe finida qua: nel 948 d.C. Lotario ghe regala adiritura la città e de quela volta per tanto tempo i Vescovi i xe restai come Signori de Tergeste. Pecà che i documenti che gavemo iera tuti falsi... però oramai la iera fata!

Consolemose pensando che i triestini se fazeva sempre onor: nel 889d.C. trecento triestini difendi l'imperator Berengario in una batalia contro el duca de Spoleto, cossa el iera andà a far là, ancora i triestini se domanda.

In quela volta Tergeste iera 'ssai cambiada: la iera diventada più picia, come rinsechida, dura de paura dentro le mura tirade su in freta e furia per difenderse dele invasioni. Fora de le più antiche mura romane, ghe iera vile de lusso e giardini e terme, ma de tuta sta roba restava solo rovine, sachegiade dei citadini, che i portava via le piere già squadrade per rinforzar

per rinforzare le difese. Il vescovo si comportava come un piccolo Re: amministrava la giustizia e guidava la città tramite il suo gastaldo.

Tratto da: *Arcon Renzo, Un struco de storia triestina de l'altro ieri, Vocabolario italiano-triestino: Per no parlar in cicara! Trieste, ediz. Luglio, 2010.*

Momento rievocativo con ser Renzo de' Giuliani e ser Mario de' Belli

le difese. El vescovo se comportava come un picio Re: aministrava la giustizia e guidava la cità per mezo del suo gastaldo.

Momento rievocativo con il gastaldo Antonio de' Argento

Il riposo del Re

28 gennaio 814 d.C., Aquisgrana, Germania.

Il Re Carlomagno era ormai vecchio, aveva compiuto tutte le più grandi imprese e aveva fondato un regno potente. Egli dominava l'Europa con le sue armate, ma aveva anche raccolto attorno a sé tutti i saggi del regno e aveva fondato una Scuola che insegnava l'intera sapienza del suo tempo.

Un giorno, prevedendo ormai prossima la sua fine, decise di raccogliere attorno a sé i paladini e fare il giro dei suoi domini per l'ultima volta. Voleva rivisitare i luoghi delle sue battaglie e salutare i buoni sudditi che tanto lo amavano. Partì così da Aquisgrana con numeroso seguito, con dispiegar di stendardi e sonar di trombe, con rullar di tamburi e grida festose dei suoi guerrieri. Attraversò tutta la terra di Francia sino alla Bretagna e poi giù sino ai Pirenei dove sostò commosso sulla tomba del suo amato paladino Orlando e poi piegò verso oriente percorrendo le dolci terre della Provenza sino alle Alpi.

Qui, aspettando il tepore della primavera, Carlo attraversò i gioghi montani e scese nella pianura Padana ricca di acque e percorsa dal grande fiume Po. Giunse a Venezia, che guardò scintillare in mezzo alla sua laguna e sospirò: non era mai riuscito a conquistarla e forse, si disse, era meglio così: sarebbe diventata una grande città, regina del mare.

Carlomagno proseguì il suo viaggio incerto sulla direzione. Tra i suoi paladini c'era chi lo consigliava di prendere di nuovo la via delle Alpi e attraversare l'Austria per poi giungere nella Germania e quindi fare ritorno a casa. Ma Carlo era di ben diverso avviso. Così disse ai suoi fedeli compagni d'arme che voleva dirigersi verso oriente: *"Là dove il sole nasce anch'io rinascerò"*.

El riposo del Re

28 gennaio 814 d.C., Aquisgrana, Germania.

El Re Carlo magno, a sto punto, el iera vecio, el gaveva fato tute le più grande imprese e 'l gaveva fondado un regno potente. Lui 'l dominava l'Europa co' le sue armade, ma 'l gaveva anca ciamà intorno de lui tuti i savi del regno dove 'l gaveva fondado una Scola che insegnava l'intero saver del suo tempo.

Un giorno, prevedendo a sto punto vizin la sua fine, el ga deciso de ciamar torno de lu' i paladini e far el giro dei sui domini per l'ultima volta. El voleva riveder i loghi dele sue batalie e saludar i boni suditi che tanto i lo amava. El xe partì cussì de Aquisgrana co' un gran numero de lori, co' dispiegar de bandiere e sonar de trombe, co' rular de tamburi e zighi de festa dei sui guerieri. El ga traversà tuta la tera de Francia fin a la Bretagna e po' zo, sin ai Pirenei, dove 'l ga fato sosta comosso su la tomba del suo amato paladino Orlando e po' el ga piegà verso oriente traversando le dolci tere de la Provenza sin a le Alpi.

Qua, spetando el calduz de la primavera, Carlo ga traversà le cadene de le montagne e 'l xe andà zo ne la pianura Padana rica de aque e traversada del grando fiume Po. Rivado a Venezia, la ga vardada scintilar in mezo a la laguna e 'l ga sospirà: no iera mai rivado a conquistarla e forsi, el se ga dito, xe stà meio cussì: la saria diventada 'na granda cità, regina del mar.

Carlomagno 'l xe andà 'vanti col suo viagio senza saver ben che direzion ciapar. Tra i sui paladini iera chi lo consiliava de ciapar de novo la via de le Alpi e traversar l'Austria .per po' rivar in Germania e più tardi tornar a casa. Ma Carlo gaveva un'idea ben diferente.

Cussì el ga dito ai sui fedeli compagni d'armi che 'l voleva 'ndar verso oriente: *Là dove el sol nassi anca mi rinasserò*".

Il Re e il suo numeroso seguito proseguirono il viaggio attraverso le pianure friulane, il vecchio regno dei Longobardi, ricevettero l'omaggio del Patriarca di Aquileia e giunsero dove nasce il mare Adriatico e dove sorgeva una piccola città: Tergeste. Qui giunto, il Re volle riposare. Non era ancora sorto il sole quando re Carlo fu svegliato da un forte sibilo. Subito si alzò e si diresse alla finestra per vedere cosa stava accadendo.

Il più anziano dei paladini corse subito al suo fianco: *"Non è nulla maestà,"* gli disse, *"è solo il vento: quel vento che i Tergestini chiamano Bora e che a volte soffia fortemente"*.

Il Re uscì nel vento, un vento che gli ricordava l'impeto della sua giovinezza, delle battaglie vinte, degli amori conquistati, di tutta quella forza che oramai si sentiva mancare.

Carlo montò sul suo cavallo e, nonostante le proteste dei suoi paladini, volle correre da solo con il vento. Il vento si placò e con lui si placò anche l'ardore del Re che, ritornato all'accampamento, ordinò subito ai suoi di ripartire.

Tornato ad Aquisgrana si ritrovò di nuovo immerso nella vita del palazzo reale. I figli, che per un po' di potere in più si azzannavano a vicenda senza minimamente pensare di dover lavorare per conquistarsi quello che il padre aveva accumulato con tanta fatica; la moglie che, mai contenta, si dimostrava sempre più gelosa delle dame di corte e, persino, delle ancelle: dame e ancelle che Carlo, ahimè, già da un certo tempo aveva finito di concupire; i suoi paladini che, nell'affannoso desiderio di esaudire i suoi desideri, glieli avevano oramai fatti passare del tutto; i suoi servi, taluni ancora così giovani, che lo facevano sentire più vecchio di quello che ancora non fosse e infine il suo popolo che, nonostante tutti i suoi tentativi, non era mai contento.

El Re e 'l suo grando seguito i xe 'ndai vanti col viagio traverso le pianure furlane, el vecio regno dei Longobardi, i ga ricevudo l'omagio del Patriarca de Aquileia e i xe rivadi dove nassi el mar Adriatico e dove ghe iera una picia cità: Tergeste. Qua rivado el Re ga voludo riposar. No iera ancora nato el sol co re Carlo xe stà sveiado de un forte sibilo. De boto el se ga alzà e 'l xe andà verso la finestra per veder coss' che stava sucedendo.

El più vecio dei paladini el xe corso de boto al suo fianco: *"No xe gnente Maestà,"* 'l ghe ga dito, *"xe solo el vento, quel vento che i Tergestini i ciama Bora e che ogni tanto el sufia de bruto"*.

El Re xe andà fora nel vento, un vento che ghe ricordava la furia de la sua zoventù, de le batalie vinte, dei amori conquistadi, de tuta quela forza che, purtropo, 'l se sentiva mancar.

Carlo xe montà sul suo caval e, a dispeto de le proteste dei sui paladini, el ga volù corer de solo col vento. El vento se ga calmà e, co' lui, se ga calmà anca l'ardor del Re che, ritornado a l'acampamento, 'l ga subito ordinado ai sui de partir de novo.

Tornà a Aquisgrana el se ga ritrovado de novo tociado ne la vita del palazo real. I fioi che, per un ioz in più de poter, i se morsigava l'un co' l'altro senza pensar gnanca un poco de dover lavorar per conquistarse quel che 'l pare gaveva messo in mucio co' tanta fadiga; la molie che, mai contenta, la se mostrava sempre più gelosa de le dame de corte e, perfin, de le serve: dame e serve che Carlo, ahimè, za de un zerto tempo gaveva finido de farghe la tira; i sui paladini che, nel smagnoso desiderio de contentar i sui desideri, ghe li gaveva, a sto punto, fati passar del tuto; i sui servi, qualchidun ancora cussì giovine, che lo fazeva sentir più vecio de quel che ancora no 'l fussi e, per vegnir al struco, el suo popolo che, a dispeto dei sui tentativi, no iera mai contento.

E quella sera, come aveva fatto ogni sera della sua vita, Carlo si ritirò nelle sue stanze e, prima di dormire, si rivolse al Signore. Spesso il sonno di Carlo era tormentato da incubi spaventosi, perché anche Carlo aveva un lato oscuro nel suo cuore, ma parlare al Signore lo tranquillizzava e gli donava quella sicurezza di cui aveva sempre tanto bisogno.

Sebbene non avesse mai ricevuto una risposta diretta, in cuor suo Carlo sapeva che, dopo la preghiera tutte le sue decisioni erano giuste, quasi fossero dettate dal Signore e così per tutta la vita non si era mai addormentato senza aver pregato.

"*Signore,*" disse Carlo rivolto allo splendido Crocefisso intarsiato in legno d'ebano appeso alla parete, "*io sono pronto*".

E il Signore, per la prima volta, gli apparve in tutto il suo splendore. Carlo stranamente non si stupì, non ebbe paura, non pensò neppure come mai dopo tante preghiere il Signore si fosse fatto vivo solo ora e una grande pace scese nel suo cuore.

"*Carlo, figlio prediletto,*" gli disse il Signore, "*avrei preferito tu continuassi ancora a lungo il tuo cammino su questa terra.*"

"*Dio mio,*" rispose Carlo, "*ho conquistato più terre di quelle che mai avrei potuto sperare e in tutte ho portato il tuo nome costruendo chiese e cattedrali, ho sempre pensato al bene del popolo e ho sempre rispettato le tue leggi: ora sono stanco e sento il bisogno di riposare e di venire finalmente a Te, mio Signore!*"

"*Carlo, Carlo,*" lo ammonì il Signore. "*Io sono più a mio agio nel cuore di un semplice uomo che in una cattedrale. E il tuo cuore non sempre è stato pieno di me: non quando hai ucciso, anche se a parer tuo a fin di bene; non quando hai fornicato, anche se questo ti faceva sentir bene; non quando hai peccato di gola e di invidia e, lasciamo perdere quanto altro ancora. Diciamo la ve-*

E quela sera, come 'l gaveva fato ogni sera de la sua vita, Carlo xe andà ne le sue camere e, prima de dormir, el se ga messo a parlar al Signor. Sovente el sono de Carlo iera tormentado de incubi spaventosi, perché anca Carlo 'l gaveva un lato scuro nel suo cuor, ma parlar al Signor lo tranquilizava e ghe dava quela sicureza de la qual gaveva sempre tanto bisogno.

Siben no 'l gavessi mai ricevudo una risposta drita, in cuor suo Carlo el saveva che, dopo la preghiera, tute le sue decision le iera giuste, come se le ghe fussi stade detade del Signor e cussì, per tuta la vita no 'l se gaveva mai indormenzado senza gaver pregado.

"*Signor,*" ga dito Carlo voltà verso el splendido Crocefisso, intarsiado in legno d'ebano, impicado sul muro, "*io sono pronto*".

E 'l Signor, per la prima volta, el ghe se ga mostrado in tuto el suo splendor. Carlo, senza pensarghe sora, no'l se ga meravilià, no'l ga 'vù paura, no'l ga pensà gnanca come mai dopo tante preghiere el Signor se gavessi fato vivo solo 'desso e una granda pase xe calada nel suo cuor.

"*Carlo, el più amado dei miei fioi,*" ghe ga dito el Signor, "*gaveria preferì che te andassi 'vanti ancora a caminar tanto tempo su 'sta tera.*"

"*Dio mio,*" ga risposto Carlo, "*go conquistado più tere de quele che mai gaveria podudo sperar e, in tute, go portado el tuo nome. Go costruido ciese e catedrali, go sempre pensado al ben del mio popolo e go sempre rispetado le tue legi: 'desso son stanco e sento 'l bisogno de riposar e de vegnir, a la fin, de Ti mio Signor!*"

"*Carlo, Carlo,*" lo ga amonido el Signor, "*mi stago meio nel cuor de un semplice omo che in una catedral. E 'l tuo cuor no sempre 'l xe stado pien de mi: no co te ga mazado, anca se a parer tuo per far del ben; no co te ga fato sporcarie, anca se questo te fazeva sentir ben; no co te ga fato pecà de gola e de anvidia e, lassemo star*"

rità molto hai preteso in mio nome ma anche molto hai fatto per tua ambizione! Ed è per questo che io non posso accoglierti vicino a me in Cielo prima del giorno del Giudizio. Ma tu sei sempre stato il mio figliolo prediletto sulla terra e per questo nell'attesa ti farò riposare qui, senza farti provare l'amarezza del Purgatorio!"

Carlo, che ben conosceva il lato oscuro della sua anima, sapeva che il Signore aveva ragione, ma si sentiva coraggioso come non mai e per questo osò parlare ancora al Signore: "Signore, riconosco che a volte il mio cuore è stato impuro ma ti prego non lasciarmi qui, fra queste mura, dove sarei continuamente ferito dalle discussioni dei miei figli, dai lai di mia moglie e dalle pretese dei miei paladini: insomma l'inferno in terra!".

Il Signore rise a questa uscita perché Carlo non si immaginava neppure quale pena fosse l'inferno, comunque poiché egli tutto poteva, decise di accogliere ogni sua richiesta, a parte quella, beninteso, di andare subito in Paradiso!

"Allora Carlo," chiese il Signore, anche se ben sapeva cosa Carlo desiderava, "cosa posso fare per te?"

Carlo sorrise felice. "Signore," disse, "se non posso aspettare il Giorno del Giudizio vicino a Te vorrei attendere il grande momento in un luogo che rispecchi il mio animo e mi faccia sentire finalmente a casa, come non mi sono mai sentito in questa reggia così piena di spifferi e di gente bizzosa e pretenziosa! Vorrei ritornare là dove soffia la Bora e nasce il mare".

Il Signore si sentì triste, o qualcosa di simile alla tristezza, poiché in lui tutto era beatitudine, perché gli dispiaceva che gli uomini sulla terra perdessero un re così saggio e valoroso; ma poiché già da tempo aveva deciso che nel suo creato tutto doveva evolversi e morire per poi risorgere, nulla poteva fare se non accontentare il suo figlio prediletto Carlo.

quanto altro ancora. Disemo la verità, 'ssai te ga preteso a mio nome ma anca 'ssai te ga fato per la tua ambizion! E xe per 'sto motivo che mi no posso farte entrar vizin de mi, in Ciel, prima del giorno del giudizio. Ma ti te son sempre stado 'l preferido dei mii fioi su la tera e, per sto motivo, in quel che te speti, te farò riposar qua senza farte provar l'amariz del Purgatorio!"

Carlo, che ben el conosseva el lato scuro de la sua anima, saveva ben che 'l Signor el gaveva ragion, ma 'l se sentiva pien de coraio, come no mai e, cussì, el ga osado parlar de novo al Signor: *"Signor, capisso che qualche volta el mio cuor no 'l xe stado puro ma, te prego, no lassarme qua, fra sti muri, dove saria de continuo ferido da le barufe dei mii fioi, dai lamenti de mia molie e da le pretese dei mii paladini, per dirla tuta, l'inferno in tera!".*

El Signor el se ga messo a rider a 'sta batuda, perché Carlo no se gnanca imaginava che pena fussi l'inferno, fato sta, dato che Lui tuto podeva, el ga deciso de acetar ogni sua domanda, a parte quela, ben compreso, de andar de boto in Paradiso!

"Alora Carlo," domandò el Signor, anca se el saveva ben cossa Carlo voleva, *"cosa posso far per ti?"*

Carlo, contento, el ga soriso: *"Signor,"* el ga dito, *"se no posso spetar el Giorno del Giudizio vizin de Ti, me piaseria spetar el grando momento in un logo che 'l se speci nel mio animo e me fazi, a la fin, sentirme a casa, come no me son mai sentido in sta regia cussì piena de spiferi e de gente capriciosa e pretenziosa! Voleria ritornar là dove sufia Bora e nassi el mar".*

El Signor se ga sentì mufo, o qualcossa ugual a la smara, perché in Lui tuto iera beatitudine e ghe dispiaseva che i omini su la tera perdessi un Re cussì savio e valoroso; ma sicome za de tempo el gaveva deciso che nel suo creato tuto doveva cambiar e morir per poi risorger, gnente podeva far se no contentar el suo fio preferido, Carlo.

Per una volta tanto fu il Signore a dire: *"Sia fatta la tua volontà, Carlo, parti pure figliolo mio e io ti invierò il mio messaggero più fidato per guidare il tuo cammino"*.

E così, proprio come era apparso, il Signore scomparve e Carlo si addormentò in un sonno senza incubi.

Il re guardò il cielo che stava schiarendo, si volse al paladino che dopo Roncisvalle aveva preso alla sua sinistra il posto di Orlando: *"Fai preparare il mio cavallo: voglio seguire questo vento, da solo!"*.

Il vecchio compagno d'arme fissò il re negli occhi e sentì i suoi colmarsi di lagrime. Si rivolse al re come non aveva mai osato fare: *"Sire, non ti rivedrò mai più, è vero?"*.

"Quando il mondo avrà ancora bisogno di noi, amico mio, allora verrò a chiamarti."

"Ed io sarò al tuo fianco, Maestà!"

Senza aver bisogno neppure di una spinta come purtroppo gli accadeva negli ultimi anni, Carlo salì a cavallo e spronò seguendo le raffiche del vento. Il destriero s'impennò e partì in un galoppo veloce eppure leggero, tanto che pareva non toccasse terra.

Mentre il cielo diventava sempre più azzurro e le stelle si spegnevano al calore del sole, Carlo giunse in quella valle che oggi chiamano Rosandra e che era immersa nell'ombra perché il sole non aveva ancora superato il ciglione roccioso. Seguendo il torrente, Carlo si avvide che la strada finiva nei pressi di un mulino e così scese da cavallo. Si fermò davanti all'animale accarezzandogli il muso: *"Amico mio,"* disse, *"siamo stati una cosa sola per tanti anni, ora è tempo che ci dividiamo seguendo ognuno la propria natura, entrambi liberi"*.

Il cavallo parve comprendere, nitrì sommessamente, si volse e ripartì al galoppo immergendosi nel sottobosco.

Per una volta tanto xe sta el Signor a dir: *"Sia fata la tua volontà, Carlo, parti pur fio mio e mi te manderò el mio più fidado messager per guidar el tuo camino".*

E cussì, propio come che 'l iera comparso, el Signor el xe sparido e Carlo se ga indormenzado int'un sono senza bruti sogni.

El Re ga vardà el ciel che stava s'ciarendo, se ga voltà al paladino che, dopo Roncisvalle, el gaveva ciapà a la sua sinistra el posto de Orlando: *"Fa preparar el mio caval: voio 'ndar drio sto vento, de solo!".*

El vecio compagno d'arme ga fissà el Re nei oci e sentì i sui impignirse de lagrime. Se ga voltà al Re come no 'l gaveva mai osado far: *"Sire, no te vederò mai più, xe vero?".*

"Co 'l mondo gaverà ancora bisogno de noi, amico mio, alora mi vegnerò a ciamarte."

"E mi te sarò de fianco, Maestà!"

Senza gaver bisogno gnanca de un sburton come, purtropo, ghe serviva nei ultimi ani, Carlo ga montà a caval e spronà drito drio i refoli de vento. El caval se ga impenà e xe partì in un galopo veloce e, sì ben legero, tanto che pareva che 'l no tocassi tera.

In quel che el ciel diventava sempre più azuro e le stele se distudava al calor del sol, Carlo xe rivado in quela vale che, ogi, vien ciamada Rosandra e che la iera tociada int'el'ombra perché el sol no 'l iera ancora andà oltra el fosso de rocia. Andando vanti longo el torente, Carlo se ga inacorto che la strada la finiva vizin de un mulin e, cussì, el xe smontà de caval.

El se ga fermà davanti l'animal carezandoghe 'l muso: *"Amico mio,"* el ga dito, *"semo stadi una roba sola per tanti ani, 'desso xe tempo che se dividemo e seguimo ognidun la propia natura, tuti e do liberi".*

El caval pareva capir, el ga nitrì pian e 'l se ga voltà e ripartì al galopo tociandose nel sotobosco.

Carlo proseguì a piedi seguendo il vecchio acquedotto costruito dai romani. Arrivò ben presto all'inizio di una salita, lasciò il torrente in basso e si arrampicò aiutandosi con le mani, afferrando gli esili tronchi degli arbusti e i rami bassi degli alberi. Stanco e affannato per l'età, giunse ad un punto dove si poteva scorgere parte della valle.

Era un piccolo ripiano ai piedi di una lunga cresta rocciosa che si innalzava verso la sommità del monte chiudendo uno stretto canalone. Carlo si sentì mancare le forze. Si inginocchiò, levò la spada dal fodero e vi si appoggiò.

"*Signore,*" pregò, "*ora i miei giorni sono finiti. Ho compiuto quello che Tu mi hai chiesto di fare ed ora mi affido a Te!*"

Mentre era così assorto, il sole uscì da dietro le rocce e illuminò la valle. Una luce abbacinante parve uscire dall'astro e condensarsi in una figura che si fermò davanti al Re. Era d'aspetto imponente e due grandi ali iridescenti coronavano il volto severo. Teneva in mano una grande spada.

"*Alzati Carlo,*" disse, "*il momento è giunto: anche se hai abbandonato il tuo corpo del quale eri tanto fiero le forze che lo sorreggevano non moriranno!*"

La voce possente percorse il cielo e Carlo sentì la sua vita scorrere dalle sue mani e pervadere il ferro della sua spada.

L'arcangelo impugnò l'arma e spalancò le grandi ali. La terra fremette e il vento parve raddoppiare la sua forza: "*Respiro della Terra!*", gridò l'arcangelo, "*Guida il nostro cammino!*".

Seguendo il vento l'arcangelo attraversò la valle e si fermò davanti a un'alta parete di roccia. Battè col pomo della spada sulla pietra e subito si spalancò un'apertura tanto ampia da permettergli di entrare ad ali spiegate. Mentre volava, senza incontrare ostacoli,

Carlo xe andà 'vanti a pìe longo el vecio aquedoto costruido dei romani. El xe rivà ben presto a l'inizio de 'na salita, 'l ga lassà el torente in basso e 'l se ga rampigado iutandose co' le man, brancando i deboli tronchi dei arbusti e i rami bassi dei alberi.

Stanco e afanado per l'età, el xe rivà a un logo dove se podeva veder parte de la vale. Iera un picio ripian ai pìe de 'na longa cresta de rocia che se alzava verso la punta del monte serando un streto canalon. Carlo se ga sentì mancar le forze. El se ga inginocià, tirà fora la spada del fodero posandose sora.

"*Signor,*" el ga pregà, "'*desso i mii giorni i xe finidi. Go fato quel che Ti te me ga domandà de far e 'desso me consegno a Ti!*"

In quel che 'l iera cussì pensieroso, el sol xe vegnù fora de drio le roce e 'l ga luminado la vale. Una luse 'baliante ga parso andar fora de l'astro e condensarse in una figura che la se ga fermà davanti al Re. De aspeto imponente e do grande ali variegade che coronava el volto severo. La tegniva in man una granda spada.

"*Alzite Carlo,*" la ga dito, "*el momento xe rivado: anca se te ga 'bandonà el tuo corpo del qual te ieri tanto fiero, le forze che lo sostegniva no le morirà!*"

La vose potente la ga traversà 'l ciel e Carlo ga sentì la sua vita scorer de le sue man e traversar el fero de la sua spada. L'arcangelo ga impugnà l'arma e spalancà le grande ali. La tera la se ga agità e 'l vento pareva radopiar la sua forza: "*Respiro de la tera!*", ga zigà l'Arcangelo, "*Guida la nostra strada!*".

Andando drio el vento l'arcangelo ga traversà la vale e 'l se ga fermà davanti a un alto muro de rocia. El ga batù col pomo de la spada su la piera e de boto se ga spalancà un'apertura tanto granda de permeterghe de andar drento a ale 'verte. In quel che 'l volava, senza incontrar ostacoli, la tera pareva tirarse indrio davanti de lui e i esseri de le profondità se nascondeva nei scu-

la terra pareva ritirarsi davanti a lui e gli esseri delle profondità si nascondevano nei bui recessi delle caverne tremando di paura. In breve l'arcangelo giunse in una grande caverna in fondo alla quale scorreva lento e silenzioso un corso d'acqua limpida.

L'arcangelo si fermò: "*Ora attraverserai l'acqua, re Carlo, ed entrerai nella leggenda*".

Ripiegò le ampie ali e attraversò il piccolo fiume senza incresparne la superficie. Dall'altra parte c'era una grande roccia squadrata, che formava una specie di trono di pietra. Carlo vi si assise, sereno e beato come non lo era mai stato.

L'arcangelo adagiò delicatamente la spada ai suoi piedi e gli disse: "*Dormi ora, re Carlo, entra nella serenità di un destino compiuto. Oltre l'illusione di spazio e tempo, oggi tu sei morto e rinato e quando il tempo verrà, un risuonare di trombe spalancherà le viscere della madre terra e tu ne uscirai pronto all'ultima battaglia!*".

Indi si volse senza attendere risposta e mentre ripercorreva il cammino appena compiuto la terra si richiudeva dietro di lui.

Presto emerse dalla roccia e, spalancate le ali grandi e luminose come arcobaleni, si innalzò sopra la valle e verso il sole. Guardò in basso per un'ultima volta e vide la valle e le colline intorno, e la striscia argentea del torrente e, lontano, la piccola città: "*Tergeste, per quanto dolore tu veda passare sopra le tue case, troverai sempre un sorriso!*", disse e sparì.

Qualche secolo dopo i triestini eressero, sul ripiano ai piedi della cresta rocciosa, una piccola cappella e la dedicarono a San Michele Arcangelo.

ri scondoni de le caverne tremando de paura. In poco tempo l'arcangelo xe rivado int'una granda caverna in fondo a la qual scoreva pian in silenzio un rivo de aqua pura.

L'arcangelo se ga fermà: "*Adesso te traverserà l'aqua, re Carlo, e te entrerà nela legenda*".

El ga spiegà le grande ale e traversà el picio fiume senza ingrespar la superficie. De l'altra parte ghe iera una granda rocia squadrada, che la formava come un trono de piera. Carlo se ga sentado, sereno e beato come no 'l iera mai stado. L'arcangelo ga posà delicatamente la spada ai sui piè e 'l ghe ga dito: "*Dormi 'desso, re Carlo, entra ne la serenità de un destin finido. Oltra l'ilusion de spazio e tempo, ogi ti te son morto e rinato e co 'l tempo vegnerà, un risonar de trombe spalancherà le vissere de la madre tera e ti te vegnerà fora per l'ultima batalia!*".

Po' el se ga voltà senza spetar risposta e, in quel che 'l fazeva indrio la strada 'pena terminada, la tera se serava drio de lui. Presto el xe vignudo fora de la rocia e, spalancade le ale grande e luminose come arcobaleni, 'l se ga inalzado sora la vale verso el sol. Ga vardà in zo per un'ultima volta e ga visto la vale e le coline in giro, e la strissia argentada del torente e, lontan, la picia città: "*Tergeste, per quanto dolor te vedi passar sora le tue case, te troverà sempre un soriso!*", el ga dito e 'l xe sparido.

Qualche secolo dopo i triestini i ga ereto, sul ripian ai piè de la cresta rociosa, una picia capela e i la ga dedicada a San Michele Arcangelo.

3. LE CROCIATE

Nell'XI secolo, Gerusalemme era controllata dai mussulmani e le notizie delle persecuzioni contro i pellegrini cristiani e l'imposizione di pesanti tasse facevano crescere l'agitazione tra l'Oriente e l'Occidente cristiano. Nel 1095, Papa Urbano II ha risposto a una domanda di aiuto dell'Imperatore bizantino Alessio I Comneno, per frenare l'avanzata turca. Durante il Concilio di Clermont, in Francia, Urbano II tenne un discorso appassionato, incitando i nobili e il popolo a marciare in Terra Santa e liberarla dal potere mussulmano.

In risposta alla domanda del Papa, migliaia di cristiani di tutta l'Europa si unirono alla Prima Crociata, guidati da nobili come Goffredo di Buglione, Baldovino di Boulogne, Raimondo IV di Tolosa e Boemondo di Taranto. E, nel 1096, molte armate cominciarono la loro marcia verso Levante.

La crociata fu piena di lotte interne e massacri, come il grande sterminio delle comunità degli ebrei in Europa. Nonostante ciò, nel giugno del 1099, l'esercito crociato giunse a Gerusaleme, che alzò le mani dopo un lungo assedio e, al 15 luglio, i crociati entrarono nella città santa e fecero un massacro spaventoso tra i suoi abitanti mussulmani ed ebrei.

3. LE CROSADE

Nel XI secolo, Gerusalemme la iera era soto el controlo dei musulmani e le notizie de le persecuzioni contro i pelegrini cristiani e l'imposizion de pesanti tasse le fazeva cresser l'agitazion tra l'Oriente e l'Ocidente cristian. Nel 1095, Papa Urbano II ga risposto a una domanda de aiuto del'Imperator bizantin Alessio I Comneno, per frenar l'avanzata turca. Durante el Concilio de Clermont, in Francia, Urbano II 'l ga fato un discorso appassionado, incitando i nobili e 'l popolo a marciar in Tera Santa e liberarla dal potere mussulman.

In risposta a la domanda del Papa, miaia de cristiani de tuta Europa se ga unido a la Prima Crosada, guidadi de nobili come Goffredo di Buglione, Baldovino di Boulogne, Raimondo IV di Tolosa e Boemondo di Taranto. E nel 1096, molte armade le ga scominciado la loro marcia verso Levante.

La crosada la xe stada piena da lote interne e massacri, come el grando sterminio de le comunità dei ebrei in Europa. Ma istesso, nel giugno del 1099, l'esercito crosado xe rivà a Gerusaleme, che ga alzado le man dopo un longo assedio e, al 15 de luglio, i crosadi i xe entradi ne la città santa e i ga fato un massacro spaventoso tra i sui abitanti mussulmani e ebrei.

Goffredo di Buglione è stato proclamato difensore del Santo Sepolcro, mentre un mucchio di crociati deciseo di rimanere nei territori conquistati, creando i regni crociati di Gerusalemme, Edessa, Antiochia e Tripoli.

Questa fu la nascita di uno degli episodi più significativi della storia medievale: le crociate.

Ma le terre cristiane in Terra Santa rimasero sempre minacciate dalle controffensive mussulmane e il breve successo della Prima Crociata portò secoli di guerre religiose e di conquista tra cristiani e mussulmani.

Giuseppe Gatteri (1829 -1884). Il doge Enrico Dandolo assume il comando della IV Crociata

Goffredo di Buglione el xe sta' proclamado difensor del Santo Sepolcro, mentre un mucio de crosadi ga deciso de restar nei teritori conquistadi, creando i regni crosadi de Gerusalemme, Edessa, Antiochia e Tripoli.

Sta qua xe stada la nassita de un dei momenti più significativi de la storia medieval: le crosade.

Ma le tere cristiane in Tera Santa le xe rimaste sempre minaciade de le difese musulmane e 'l breve sucesso de la Prima Crosada, ga portà a secoli de guere religiose e de conquista tra cristiani e mussulmani.

Giuseppe Gatteri. L'assalto di Zara
sulla via della IV Crociata

La Dama Bianca di Duino

Correva l'anno 1121 quando, un bel dì, nel "Sinus Tergestinus" giunse un gruppo di guerrieri germanici che, affascinati dalla costa adriatica, si insediarono nei resti della torre romana che dominava la terra di Duvino. Sopra una splendida roccia a strapiombo sul mare costruirono il loro castello e diventarono ben presto una stirpe numerosa d'uomini d'arme che, acquisito il nome di Duinati, offrirono i loro servigi al Patriarca d'Aquileia Uldarico.

Il Patriarca, essendo più servo della guerra che della chiesa, accolse ben volentieri fra i suoi vassalli questa stirpe di uomini bellicosi e malvagi che, ben conoscendo il mestiere delle armi gli erano oltremodo utili per difendersi dai vicini sempre pronti a sconfinare e saccheggiare i suoi dominii e per partecipare alle guerre esterne, che non mancavano mai!

Il primo burgravio di Duino, che incontriamo in un documento storico, fu un certo Dieltamo al quale, fra molti altri, seguirono ben sei Ugoni così malvagi tanto che uno di questi, in uno scatto d'ira, calpestò a morte con il suo cavallo uno dei suoi figli illegittimi, che gli aveva disobbedito. L'Ugone che a noi interessa fu invece, nell'anno Domine 1179, inviato dal Patriarca Ulrico di Treves a Tergeste, per dirimere una delle tante dispute di confine iniziate già dal vescovo di Tergeste Dietemaro, quarant'anni prima con il predetto Dieltamo.

Il nostro Ugone, accompagnato da diversi armigeri, profittò del viaggio per definire un affare con un tal Ottobono, commerciante in tessuti, che aveva una giovane bellissima figlia, cantata da musici e poeti, di nome Costanza e di quindici anni appena compiuti, età perfetta per essere maritata. Ugone, vedovo di recente dalla seconda moglie, ebbe la fortuna di vederla

La Dama Bianca de Duino

Coreva l'ano 1121 co, un bel dì, nel "Sinus Tergestinus" xe rivado un ciapo de guerieri germanici che, fassinadi de la costa adriatica, i se ga fermado nei resti de la tore romana che dominava la tera de Duin. Sora de 'na splendida rocia a strapiombo sul mar i ga costruido el suo castel e i xe diventadi ben presto una casada granda de omini armadi che, ciapado 'l nome de Duinati, i ga oferto i loro servizi al Patriarca d'Aquileia Uldarico.

El Patriarca, dato che 'l iera più servo de la guera che de la ciesa, el ga dado un bel azeto fra i sui vassali a sta clapa de omini belicosi e cativi che, ben conossendo el mestier de le armi i ghe iera 'ssai utili per difenderse dei vizini sempre pronti a sconfinar e a sachegiar i sui averi per participar a le guere esterne, che no le mancava mai!

El primo burgravio de Duin, che incontremo in un documento storico, xe sta un tal Dieltamo 'l qual, fra molti altri, ga fato seguito ben sei Ugoni cussì cativi tanto che un de lori, in un momento de rabia, 'l ga calpestado a morte co' el suo caval un dei sui fioi spuri, che ghe gaveva disubidido. L'Ugone che a noi ne interessa xe stado inveze, nel anno Domine 1179, mandado dal Patriarca Ulrico de Treven a Tergeste, per zercar de meter pase in una de le tante barufe de confin cominciade za del vescovo de Tergeste, Dietemaro, quarant'ani prima, co' el za nominado Dieltamo.

El nostro Ugone, in compagnia de diversi armigeri, el ga profitado del viagio per concluder un afar co' un tal Otobono, mercante de stofe, che 'l gaveva 'na giovane belissima fia, cantada de musici e poeti, la se ciamava Costanza e la gaveva quindici ani 'pena compiudi, età perfeta per esser maritada. Ugone, vedovo de poco tempo de la seconda molie, 'l ga 'vudo la fortuna de

al balcone e, per la prima volta nella sua vita, il cuore, dalle mutande dove era solito tenerlo, gli balzò nel petto battendo all'impazzata, decidendo che Costanza doveva essere sua. La giovane inorridita disse no, pianse, si disperò ma Ottobono, vuoi perché l'affare era fruttuoso, vuoi per paura del modo in cui Ugone accarezzava la spada e di come digrignavano i denti i suoi armigeri, acconsentì e, in quattro e quattr'otto, lo stesso giorno, si festeggiarono gli sponsali. Costanza in lacrime dovette seguire a cavallo Ugone e la sua masnada fino al castello di Duino.

La festa di nozze che ne seguì fu grandiosa, Ugone era esultante e invitò al banchetto persino i suoi servi della gleba: ma non gli piacque granché quell'occhiata che, al momento d'incontrarsi, passò subitanea fra gli occhi di Costanza e il suo terzogenito Enghelbert. Così Costanza trascorse la prima di molte notti fra la violenza amorosa di Ugone e le sue lacrime di dolore che, nonostante ciò diedero la vita a ben due figli, ahimè, ambedue morti presto.

Questo fatto portò a indispettire ancora di più l'odiato marito che, com'era d'uso da millenni, incolpava della mancata paternità la consorte, amata a suo modo.

Gli anni passarono lenti tra il desiderio del vero amore sorto e mai svelato del giovane Enghelbert e Costanza e il dolore del dover evitare persino di incontrarsi per non dar adito al peccato e alle ire del rispettivo padre e marito. Dieci anni passarono senza che le perversioni di Ugone si spegnessero.

Nel frattempo, l'imperatore Federico Barbarossa, a capo della Terza Crociata, chiese al patriarca Goffredo di Hohennstaufen, che lo sosteneva, di inviargli i suoi armati a sostegno dell'impresa.

Goffredo si rivolse al suo vassallo germanico Ugone, che partì per Gerusalemme con i suoi armigeri,

vederla al balcon e, per la prima volta ne la sua vita, el cuor, de le mutande dove de solito lo tegniva, ga fato un salto nel suo peto batendo come mato e fazendolo decider che Costanza doveva esser sua. La giovine inoridida la ga dito no, la ga pianto, la se ga disperado ma Otobono, vol perché l'afar iera frutuoso, vol per paura del modo come Ugone carezava la spada e de come i digrignava i denti i sui armigeri, 'l ga consentido e, in quatro e quatro oto, el giorno istesso se gaveva festeggiado 'l matrimonio. Costanza, in lagrime, la ga dovù andar, a caval, drio Ugone e la sua crica fin al castel de Duin.

La festa de noze xe stada stragranda, Ugone 'l iera esultante tanto de invitar al bancheto perfina i sui servi de la gleba: ma no ghe ga piasso quela ociada che, al momento de incontrarse, la xe passada, come saeta, fra i oci de Costanza e 'l suo terzogenito Enghelbert. Cussì Costanza la ga dormido la prima de molte noti fra la violenza amorosa de Ugone e le sue lagrime de dolor che, istesso le ga dà vita a ben do fioi, ahimé, tuti e do morti presto.

Sto fato ga indispetido ancora de più l'odiado marì Ugone che, come se usava de sempre, incolpava de la mancada paternità la molie amada, a modo suo.

I ani i passava pian tra 'l desiderio del vero amore nato e mai svelado del giovane Enghelbert e Costanza e el dolor de dover, financa, evitar de incontrarse per no sveiar el pecato e le ire del rispetivo pare e marì. Diese ani xe passadi senza che le cativerie de Ugone se distudassi, fin a che xe rivà el giorno che papa Gregorio VIII ga bandido la Terza Crociata e Federico Barbarossa ga domandado al patriarca Goffredo di Hohennstaufen, che lo sosteneva, de mandarghe i suoi armati a difender l'impresa. Goffredo se ga rivolto al suo vassalo germanico Ugone, che 'l xe partì per Gerusalemme a capo dei sui armigeri, portando co' lui,

portando seco, per precauzione, anche il terzogenito Enghelbert. Dalla loro partenza Costanza, ai piedi della roccia dalla quale aveva visto partire i due uomini, pregava ogni giorno, per la morte del primo e il ritorno del secondo.

Dopo un anno il Barbarossa, distrutta la città di Filippopoli, annegò miseramente in un fiume. Ormai, vista la difficoltà di liberare Gerusalemme, tutte le armate, compresa quella di Ugone, abbandonarono l'impresa e tutti fecero ritorno a casa.

In una cupa notte d'autunno dell'ano Domine 1192 Costanza si svegliò nel sentir arrivare i reduci della Crociata. In preda a una folle ansia intravide uno solo dei due! Nell'impeto della corsa, per distinguere quale dei due fosse ritornato, si sporse con troppa violenza da un balcone, precipitando tra sterpi, sassi e rovi, ai piedi della rocca dove, avvolta nella sua candida veste, aspetta il ritorno di Enghelbert, caduto due anni prima, durante l'attacco alle mura di Filippopoli.

*Il nuovo castello dei Principi della Torre e Tasso
con un airone cenerino.*

per precauzion, anca 'l giovane Enghelbert. De la loro partenza Costanza, ai pìe de la rocia de dove la gaveva visto partir i do omini, la pregava ogni giorno, per la morte del primo e el ritorno del secondo.

Dopo un ano 'l Barbarossa, distruta la città de Filippopoli, mori miseramente 'negado in t'un fiume. Ormai, dato che iera dificile liberar Gerusalemme, le sue armate, come quela de Ugone, le ga 'bandonado l'impresa e tuti i xe tornadi a casa.

In una nera note d'autuno de l'ano Domine 1192, Costanza se ga sveiado nel sentir rivar i reduci de la Crociata. Ciapada de una granda smara la ga visto a malapena un solo de lori do! Ne la furia de la corsa per veder chi fussi tornà dei do, de lancio la se ga sporto sul balcon, precipitando tra spine, sassi e rovi, ai piedi dela roca dove, inscartozada ne la sua bianca vestalia, la speta 'l ritorno de Enghelbert, cascado do ani prima, durante l'ataco soto i muri de Filippopoli.

Le rovine dell'antico castello di Duino

Dio lo vuole!

Dal silenzio si udì improvviso un rombo. Un rombo cupo, un rombo scrosciante come improvvisa pioggia d'agosto. Un rombo fuso in un grido, un grido solo: *"Dio lo vuole!"*.

Dal crinale della collina, un guerriero a cavallo emerse dal nulla, sulla picca un lungo vessillo frusciante nell'azzurro e, subito, accanto a lui altri cavalieri a discenderne il fianco. Non più un unico guerriero: molti guerrieri. Corazze, spade, archi, balestre, picche invadevano la linea tra cielo e terra, torreggiando contro il cielo. Il martellare degli zoccoli sembrava sovrastare il martellare incessante delle voci: linguaggi di mezza Europa, intrecciati in un nuovo dialetto: il dialetto della guerra santa. E dietro ai cavalieri una caterva di genti: uno sciame di locuste comparse dal nulla, in corsa verso il nulla.

"Eja! Eja! Dio lo vuole!"

La Quarta Crociata era in movimento.

Davanti marciavano gli armati, dietro si snodava una teoria di carri trainati da cavalli, asini e buoi che sembravano sul punto di schiantarsi a ogni passo. Il respiro degli animali e degli umani si condensava, ammorbando l'aria pregna di suoni. Dietro a tutti venivano profeti, pellegrini, maniscalchi, artigiani, scrivani, vedove, mercanti, astrologi, orfani, guitti, ciarlatani. Come due eserciti ben distinti, ma entrambi impossibilitati di fare a meno l'uno dell'altro. Figure spavalde, floride, dominanti gli uni; figure aggobbite, macilente, asservite gli altri. *"Eja! Eja! Dio lo vuole!"*

Il barone dei Franchi cavalcava alla testa del suo vessillo, le redini del destriero salde tra le mani guantate. Alle sue spalle la cacofonia dell'avanzata. Zoccoli ferrati sul terreno, nitriti di protesta dei cavalli, stridere di metallo contro altro metallo. Giunto dinnanzi

Dio lo vol!

Tut'int'un del silenzio se ga sentì un rombo. Un rombo cupo. Un rombo scrosciante come un'improvisa piova de agosto. Un rombo fuso in un zigo, un zigo solo: *"Dio lo vol!"*.

De l'alto dela colina, un guerier a caval el xe spuntà del gnente, su la pica una longa bandiera la svolazava nel azuro e, deboto, vizin de lui altri cavalieri che vigniva zo del fianco. No più un solo guerier: una zaia de guerieri. Coraze, spade, archi, balestre, piche impigniva la linea tra ciel e tera, svetando contra 'l ciel. El martelar dei zocoli pareva coverzer el martelar continuo de le vose: lingue de meza Europa, intreciade in un novo dialeto: el dialeto de la guera santa. E drio i cavalieri una massa de gente: un nuvolo de cavalete comparse del gnente, de corsa verso el gnente.

"Eja! Eja! Dio lo vol!"

La Quarta Crociata iera in movimento.

Davanti marciava i armati, de drio se sligava una procession de cari trainadi de cavai, mussi e manzi, che i pareva star sul punto de s'ciocarse a ogni passo. El respiro de le bestie e dei omini se condensava, spuzolendo l'aria imbevuda de rumori. Drio de tuti vigniva profeti, pelegrini, fabri ferai, artigiani, scrivani, vedove, mercanti, astrologhi, orfani, bufoni, imbroioni. Come do eserciti ben diferenti, ma tuti e do che no i podeva far a manco l'un del'altro. Figure sfrontade, vigorose potenti i uni; figure ingobide, scarne, asservide i altri. *"Eja! Eja! Dio lo vol!"*

El baron dei Franchi cavalcava a la testa dela sua bandiera, le rèdine del destrier salde tra le man guantade. A le sue spale 'l bacan de l'avanzada. Zocoli ferai sul teren, nitridi de protesta dei cavai, stridor de fero contro altro fero. Rivado davanti la casa de ser Odorico, el baron dei Franchi ga trategnudo le redine, fer-

alla casa di ser Odorico, il barone dei Franchi trattenne le redini, fermando il cavallo. Sollevò la mano destra guantata di ferro. Il drappello si arrestò dietro di lui. Il barone dei Franchi non aveva da chiedere. Odorico sellò un cavallo, il più bello della stalla, e lo consegnò al barone dei Franchi, assieme al più giovane dei figli. *Dio lo vuole.*

La madre e le sorelle piansero, i fratelli lo salutarono, chi con invidia e chi con sollievo. Il barone dei Franchi promise al padre: *"Al posto di un fanciullo ti riporterò un liberatore del Santo Sepolcro!"*.

E Odorico, nella confusione del momento, si scordò persino di benedire il figlio.

Ed ecco, Geremia il giovane, Geremia figlio di Odorico, soldato di Dio, fra gli eroi del vero credo e carnefici degli infedeli, entrare in Costantinopoli. Luoghi abitati, non saccheggiati, non incendiati. Mercanti, notai, giudici, nobili, scrivani, artigiani, maniscalchi, tessitori. Uomini e donne, vecchi e fanciulli, non mutilati, non violati.

Fuori le mura campi coltivati, non razziati, non devastati. E raccolti. Messi non calpestate, non bruciate. *"Dio lo vuole"*.

Costantinopoli, la grande, la bella, la ricca e cristiana Costantinopoli inneggiò ai Franchi liberatori della Terrasanta, e allo Magnifico Duce, Doge della Serenissima Enrico Dandolo, e, ignara, spalancò le porte al baratro infernale che si sarebbe formato dentro le sue mura.

"Dio lo vuole." I crociati cavalieri, difensori, paladini, sostenitori dell'unico vero Dio entravano per difendere, per proteggere, per liberare il Santo Sepolcro dagli infedeli.

Ma dove passava il grido della fede, di persone in grado di farsi il segno della croce ne rimanevano ben pochi. Buoni o cattivi non aveva alcuna importanza.

mando el caval. Ga solevado la man destra guantada de fero. El ploton se ga fermà drio de lu'. El baron dei Franchi no gaveva de domandar.

Odorico ga selado un caval, el più bel de la stala, e lo ga consegnà al baron dei Franchi, insieme al più giovine dei sui fioi. *"Dio lo vol."*

La mama e le sorele le ga pianto, i fradei lo ga saludado, chi con invidia e chi con solievo. El baron dei Franchi ga promesso al pare: *"Al posto de un giovine te riporterò un liberador del Santo Sepolcro!"*.

E Odorico, ne la confusion del momento, se ga dismentigà financo de benedir il fio.

Santa madre ciesa catolica apostolica romana doveva nasconder i sui vescovi coroti drio una nova granda bandiera: qual segno meio dela fede?

Ed eco, Geremia 'l giovine, Geremia fio de Odorico, soldà de Dio, fra i eroi del vero credo e assassini dei infedeli, entrar a Costantinopoli. Loghi abitadi, no sachegiadi, no incendiadi. Mercanti, notai, giudisi, nobili, scrivani, artigiani, fabri ferai, tessidori. Omini e done, veci e putei, no mutiladi, no violentadi.

Fora de le mura campi coltivadi, no raziadi, no devastai. E racolti. Granai no calpestadi, no brusadi. *"Dio lo vol."*

Costantinopoli, la granda, la bela, la rica e cristiana Costantinopoli ga fato bon aceto a i Franchi liberadori dela Terasanta e al Magnifico Duce, Doge della Serenissima Enrico Dandolo, e, senza saver, la ga spalancado le porte a la foiba infernal, che andava a impignirse dentro le sue mura.

"Dio lo vol". I crociati cavalieri, difensori, protetori, sostenitori de l'unico vero Dio i entrava per difender, per proteger, per liberar el Santo Sepolcro dai senza fede. Ma dove passava el zigo de la fede, de gente che podeva farse el segno de la crose ghe restava ben pochi. Boni o cativi no gaveva nissuna importanza. Omini,

Uomini, donne, bambini, vecchi, feriti, agonizzanti, malati, non faceva differenza. Seguaci di Maometto, ebrei, eretici, miscredenti, apostati, atei privi di Dio, ma anche cattolici fedeli a Dio: non esisteva nessuna distinzione per ambire alla salvezza.

"Eja! Eja! Dio lo vuole!"

I crociati voltagabbana, rinnegati, traditori, voltabandiera entravano per distruggere. Complotti, sfide, conflitti, assassini, disastri, erano alleati nel cammino del Dio onnipotente e misericordioso della vera fede. Della vera fede sepolta in Costantinopoli.

"Eja! Eja! Dio lo vuole."

La quarta crociata non si spinse oltre Costantinopoli e ripartì sazia, dopo aver donato i resti del suo banchetto ai corvi. Il Magnifico Doge della Serenissima riapprodò a Venezia con ricchezze e tesori inestimabili. Il barone dei Franchi, ritornò con un ricco bottino, e non assolse alla sua promessa: il Geremia il giovane, Geremia figlio di Odorico, Geremia, soldato di Dio, è rimasto nel gorgo di Costantinopoli con una freccia nel cuore.

Rievocazione della IV Crociata (2004).
Il Doge sbarca a Trieste

done, fioi, veci, feridi, moribondi, maladi, no fazeva diferenza. Seguazi de Maometo, ebrei, eretici, de poca fede, rinegadi, atei senza Dio, ma anca catolici fedeli a Dio: no ghe iera distinzion per sperar ne la salveza. *"Eja! Eja! Dio lo vol!"*

I crociati banderiole, rinegadi, traditori, voltabandiera i entrava per distruger. Comploti, sfide, batalie, assassini, disastri, iera aleadi sul camin del Dio onipotente e misericordioso dela Vera fede. Dela Vera fede sepolta in Costantinopoli.

"Eja! Eja! Dio lo vol."

La quarta crociata no la xe andada oltra Costantinopoli e la xe ripartida sazia, dopo gaver regalado i resti del suo bancheto ai corvi. El Magnifico Doge dela Serenissima el xe tornado indrio a Venezia co' richeze e tesori che no se pol stimar. El baron dei Franchi, el xe ritornado co' un rico botin, senza far fede a la sua promessa: Geremia el giovine, Geremia fio de Odorico, Geremia, soldà de Dio, xe restado nel gorgo de Costantinopoli co' una frecia nel cuor.

Rievocazione della IV Crociata.
L'arrivo del Doge a Muja

La quarta crociata

Nei primi anni del XIII secolo Gerusalemme era nelle mani dei mussulmani che governavano anche l'Egitto. Poiché gli europei volevano fare commerci e andare in pellegrinaggio senza pagare il dazio, hanno pensato bene di andare laggiù a pulire tutto.

Così sono nate le crociate.

Correva l'anno domini 1201 e i crociati non sapevano come andare laggiù in Palestina. Dopo aver scartato Marsiglia e Genova, i Principi che comandavano tutti questi cavalieri francesi, piemontesi, tedeschi e d'altri luoghi, hanno pensato che fosse meglio partire da Venezia, tanto più che il doge Enrico Dandolo li faceva pagare di meno, tipo sconto comitive. Però, come in tante Agenzie di Viaggio, il trucco c'era.

I Veneziani avevano tante pietruzze nelle scarpe, che volevano levarsi, perché le cittadine dell'Adriatico, che loro volevano avere come un mare tutto suo, spesso non pagavano quello che i veneziani domandavano, non li aiutavano contro i pirati dalmati e non si inginocchiavano davanti al Doge. Per di più l'Imperatore di Costantinopoli non era affatto simpatico: questione di soldi, come sempre. A farla breve, Enrico Dandolo deve aver detto ai crociati: *"Noi vi diamo le barche e voi mi aiutate a mettere ordine nell'Adriatico e a Costantinopoli"*. E così fu!

I Veneziani imbastirono la più grande flotta mai vista da queste parti e passarono da una città all'altra, incominciando da Pirano, che era a tiro di schioppo (anche se a quel tempo lo schioppo non era ancora stato inventato), pretendendo che tutte giurassero fedeltà al Doge e magari mettessero fuori i soldi per l'impresa. E Tergeste?

A Tergeste i crociati arrivarono il 20 ottobre 1202 e i tergestini davanti a un esercito enorme dovettero, gioco forza, piegare la testa e giurare fedeltà a Venezia. Ma non solo, tutti i trecento capofamiglia, uno per

La quarta crosada

Nei primi ani del XIII secolo Gerusaleme la iera in man dei musulmani che governava anca l'Egito. Sicome i europei voleva far comerci e andar in pelegrinagio senza pagar dazio, i ga pensà ben de andar zo a disbratar tuto.

Cussì xe nate le crociate.

Iera l'ano Domini 1201 e i crociati no saveva come 'ndar fin la zò in Palestina. Dopo che i ga scartà Marsiglia e Genova, i Principi che comandava tuti sti cavalieri francesi, piemontesi, tedeschi e de altri loghi, ga pensà che iera meio partir de Venezia, tanto più che el doge Enrico Dandolo ghe fazeva pagar de meno, tipo sconto comitive. Però, come in tante Agenzie Viagi, el truco ghe iera.

I Veneziani gaveva tante pierete ne le scarpe che i voleva cavarse, dato che le citadine del' Adriatico, che lori voleva gaver come un mar tuto suo, sovente no le pagava quel che Venezia domandava, no le iutava contro i pirati dalmati e no le se inginociava davanti el Doge. In più l'Imperator de Costantinopoli no ghe iera per gnente simpatico: question de bori, come sempre. A le curte, Enrico Dandolo ghe devi gaver dito ai crociati: *"Noi ve demo le barche e voi ne iutè a meter ordine ne l'Adriatico e a Costantinopoli"*. E cussì xe stado.

I Veneziani i imbastissi la più granda flota mai vista de ste parti e i passa de na cità a l'altra, scominciando de Piran, che la ghe iera a tiro de s'ciopo (anca se in quela volta el s'ciopo no 'l iera ancora stado inventado), pretendendo che tute giuri fedeltà al Doge e magari tiri fora bori per l'impresa. E Tergeste?

A Tergeste i crociati i riva el 20 de otobre del 1202 e i Tergestini, davanti a un esercito enorme, devi piegar la testa e giurar fedeltà a Venezia. Tuti i omini che i iera possidenti de case, i ghe ga promesso al Doge de

uno da Adalgerus a Zilius, dovettero firmare un atto di sottomissione a Venezia e, fra altre cosine, una tassa di 60 orne di vino buono, da portargli "a domicilio" per San Martino, lasciando i Tergestini praticamente "sine bracas" e a bocca asciutta. Così i crociati lasciarono Tergeste tutti contenti e soddisfatti, passarono per Muggia, per tutte le altre città della costa e in particolare saccheggiarono Zara di brutto e si presentarono a Costantinopoli, che però gli sbatte la porta in faccia.

Dimenticati i mussulmani di Gerusalemme, i Veneziani vogliono anche conquistare questa grande città sul Bosforo e cambiare Imperatore, eleggendo uno più gentile con loro e comincia l'assedio. In appena un paio di giorni i crociati riescono a fare una breccia nelle mura della città e entrarci, ma il successo dura poco, perché mentre stavano per trattare la resa, l'Imperatore Alessio V, quello che stava sulle corna ai Veneziani, ha fatto riparare le mura e tutto è ritornato come prima.

Ormai correva l'anno 1204 e ancora i crociati, che avevano perduto un mucchio di uomini, bivaccavano fuori della città a prendere pioggia. Finalmente un giorno riescono a far crollare le porte ed entrarci: è la fine!

Costantinopoli viene conquistata, saccheggiata e gli abitanti massacrati. Un mucchio di tesori vengono portati via: i Veneziani si prendono per ricordo i quattro cavalli di bronzo, proprio quelli che sono ancora sopra San Marco e gli altri crociati si portano via migliaia di sacre reliquie, che incominciano a vendere per tutta l'Europa facendosi un mare di soldi.

Non è sicuro, ma, forse, alla IV crociata è andato anche un Tergestino e, chissà come, è entrato nella grande chiesa di Costantinopoli dedicata a San Sergio e ha persino visto un pezzo di ferro che, dicevano, era la lancia del santo martire e soldato. Così, senza sapere né leggere né scrivere, ha pensato di prendersi un ricordo anche lui.

esser boni e onesti e de darghe anca 'na man oltra che le solite 60 orne de vin.

Cussì i crociati i lassa Tergeste tuti contenti, i passa per Muia, per tute le altre città de la costa, i ciapa Zara (e i la neta de bruto) e i se presenta a Costantinopoli, che però ghe sbati la porta int'el muso.

Dimenticadi i musulmani de Gerusaleme, i Veneziani vol ciapar sta grande città sul Bosforo e cambiar l'Imperador metendo su un che sia più cocolo con lori e comincia l'assedio.

In un per de giorni pena, i crociati riva a far un buso nei muri de la città e andarghe drento, ma el sucesso xe durà poco, perché co i stava per tratar la resa, l'imperator Alessio V, quel che ghe stava sui corni ai Veneziani, ga fato riparar i muri e tuto xe tornà come prima.

Ormai iera l'ano 1204 e ancora i crociati, che gaveva perso un mucio de omini, i stava fora de la città a ciapar piova. Un giorno però i riva a butar zo le porte e a entrarghe drento: xe la fine!

Costantinopoli vien ciapada, sachegiada e i abitanti massacradi. Un mucio de tesori vien portadi via: i veneziani se ciol per ricordo i quatro cavai de bronzo, propio quei che i xe ancora sora San Marco e i altri crociati se porta via miliaia de reliquie sacre, che i taca a vender per tuta l'Europa fazendose un mar de bori.

No xe sicuro, ma forse a la IV crociata xe andà anca un Tergestin e magari el xe andà dentro la granda ciesa de Costantinopoli dedicada a San Sergio e forsi el ga visto un toco de fero che i diseva esser la lancia del santo martire e soldà. Cussì, per no saver né leger né scriver, el ga pensà de ciorse un ricordo anca lu'.

La IV Crociata vista dai tergestini

Nell'anno di grazia 1202, Innocenzo III, senza neppure aver appoggiato il sedere sulla poltrona papale, diede il via alla Quarta Crociata e, dato che *"Dio lo vuole"*, una masnada di Principi, Duchi, Marchesi, Conti, Baroni, Nobili, Cavalieri, Pelandroni, Bagasce a prestazione libera e Frati senza ciabatte venuti da tutte le parti d'Europa si sono affrettati a rovistare nel ripostiglio armi e bagagli per partecipare all'impresa e, per di più, scappare via da mogli bisbetiche, suocere rompiscatole e mamme con le lacrimette in tasca.

Per giungere presto a salvare Gerusalemme, ai Crociati servivano le navi e, vedi un po', dove altro potevano andare a cercarle se non a Venezia?

El doge Enrico Dandolo, che dietro il motto faceva merenda con panini di volpe, non si è fatto di certo scappare il momento buono! Ha compreso subito che i crociati, che non avevano i mezzi per l'impresa, erano la più grande occasione che gli si fosse mai presentata, dato che potevano mettere a sua disposizione, senza colpo ferire, la crema della cavalleria europea: cinquecento di loro e, in più, ventimila fanti.

E allora, questo maneggino, furbo com'era propose ai crociati: *"Va ben, tosi, mi ve porto fin zo in Tera Santa co' le navi, ma voi in cambio me slonghè, bibite a parte, otantazinquemila marche de argento, tra nolegio e spese de trasferta, per sìe mesi"*. Si dà il caso che i Crociati, giunti da ogni parte d'Europa acconsentirono: *"Mais oui! Jahwohl! Okay! Vostra Serenissima!"*, senza avere in tasca un soldo per far ballare l'orso.

E così, quando giunse il momento di pagare, quel furbone del Dandolo chiese: *"Come xe qua, omini: se la vedi o no, 'sta pila?"*.

A questa richiesta i Crociati esitanti: *"Ma, veramente Vostra Serenissima, al momento siamo un poco*

La IV Crosada vista dei tergestini

Nel 1202, Innocenzo III, nol gaveva gnanca ben pozà 'l culeto sula carega papale, che 'l ga dà el via ala Quarta Crociata e, dato che *"Dio lo vol"*, un ciapo de Principi, Duchi, Marchesi, Conti, Baroni, Nobili, Cavalieri, omini scavezai in colomba, bagasce a prestazion libera e frati che ga perso le zavate vignudi de tute le parti d'Europa, i xe corsi a butar fora del sgabuzin armi e bagali per particitpar a l'impresa e, per de sora, scamparghe via a molie bisbetiche, socere rompitogne e mame co' le lagrimete in scarsela.

Per rivar a la svelta a salvar Gerusaleme, ai Crociati ghe serviva le navi e, varda là, dove altro i podeva 'ndar a cercarle se no a Venezia?

El doge Enrico Dandolo, che drìo 'l moto fazeva merenda co' panini de volpe, no 'l se ga fato de sicuro scampar el momento bon! El ga visto subito che i mati, cisti che iera, i iera la più granda ocasion che ghe se fussi mai presentada, dato che, magari de sbriss, el podeva gaver a sua disposizion la crema dela cavaleria europea: zinquecento de lori e, in più, ventimila fanti.

E 'lora sto trapoler, furbo che 'l iera, ghe ga dito:

"Va ben, tosi, mi ve porto fin zo in Tera Santa co' le navi, ma voi in cambio me slonghè, bibite a parte, otantazinquemila marche de argento, tra nolegio e spese de trasferta, per sìe mesi".

Se dà el caso che i Crociati i ga acetado.

"Mais oui! Jahwohl! Okey! Vostra Serenissima!", ga risposto i capi dei Crociati, che noi gaveva gnanca un bel per far balar l'orso.

E cussì, co xe stà el momento de incassar, quela legera del Dandolo el ghe fa: *"Come xe qua, omini: se la vedi o no, 'sta pila?".*

A sta domanda i Crociati esitanti: *"Ma...veramente Vostra Serenissima, al momento fussimo un fiatin in di-*

in difficoltà... se la Serenissima Vostra volesse avere un po' di pazienza fino al ritorno da Gerusalemme con il bottino".

Un altro meno furbo del Dandolo, vedendo che i Crociati non avevano il denaro per pagare il noleggio delle navi, avrebbe detto: *"Fioi de mama muca, alora savè cossa? Rangève! Gnente bori, gnente navi! No me par che sè paralitici, no? E alora? Doprè le zate e andè zo in Terasanta a pìe, che ve farà anche ben per la salute".*

Invece quel birbante di un Doge, che aveva già previsto tutto, continuò il suo discorso: *"Adìo bei! Co' la pazienza no se magna, savè? Però istesso un modo de acordarse forsi lo trovemo. Ghe sarìa sta Zara, che poco tempo fa me la ga fumada el re de Ungheria, e che mi 'ssai ghe tignissi de darghe una bela stangada!".*

Al che i Crociati tirando un sospiro di sollievo: *"Alleluja! Vostra Serenissima! Voi ordinate e noi lo facciamo!",* pensando di averla fatta franca con poco, ma quel furbone di un Doge ha continuato a parlare e quando parla il Doge anche l'aria zittisce. E così ha concluso: *"Ma za che semo drìo se faremo anca un gireto su per l'Istria fin a Tergeste; cussì, a la bona, senza che ocori guàr le spade. Sarà come una gita per provar le vele".*

E fu così che la flotta veneziana carica di Crociati si è fatta una bella crociera, tutto incluso, per la costa istriana fino a Tergeste e in ogni città dove il doge Dandolo sbarcava dalla sua Dogaressa, dopo aver ricevuto omaggi e salamelecchi a cappellate, faceva firmare a tutti l'atto della sottomissione a Venezia.

Giunto a Tergeste, il Doge l'ha fatto firmare a tutti i trecento capi famiglia, uno per uno da Adalgerus a Zilius, un atto di sottomissione a Venezia e, fra altre cosine, una tassa di 60 orne di vino buono, da portargli "a domicilio" per San Martino, lasciando i tergestini praticamente "sine bracas" e a bocca asciutta.

ficoltà... Se la Serenissima Vostra podessi 'ver un poca de pazienza tanto che tornemo de Gerusalemme co' el muff...".

Un altro meno sgaio del Dandolo, vedendo che i Crociati no gaveva bori per pagarghe el nolegio de le navi, el gaveria dito: *"Fioi de mama muca, alora savè cossa? Rangève! Gnente bori, gnente navi! No me par che se paralitici, no? E alora? Doprè le zate e andè zo in Terasanta a pìe, che ve farà anche ben per la salute".*

Inveze quel smafero de Doge, che'l gaveva previsto tuto, ga continuà el suo discorso. *"Adìo bei! Co' la pazienza no se magna, savè? Però istesso un modo de acordarse forsi lo trovemo. Ghe sarìa sta Zara, che poco tempo fa me la ga fumada el re de Ungheria, e che mi 'ssai ghe tignissi de darghe una bela stangada!"*

Ga risposto, de ribatin, i Crociati: *"Alleluja! Vostra Serenissima ordinè, che noi femo!"*, pensando de gaverla fata franca con poco, ma quel furbon de Doge ga continuà a parlar, e co parla el Doge anca l'aria sta zita. E cussì el ga continuado: *"Ma za che semo drìo se faremo anca un gireto su per l'Istria fin a Tergeste; cussì, a la bona, senza che ocori guàr le spade. Sarà come una gita per provar le vele".*

Cussì, la flota veneziana cariga de Crociati la se ga fato una bela crociera, tuto incluso, longo fora la costa istriana fin a Tergeste, e in ogni cità che el doge Dandolo smontava zo dela sua Dogaressa, dopo 'ver ricevudo omagi e salamelechi a capèi, el ghe fazeva firmar a tuti l'ato de sotomission a Venezia.

Rivado a Tergeste, el Doge 'l ghe ga fato firmar a tuti i trecento capi famea, un per un da Adalgerus a Zilius, un bel ato de sotomission a Venezia e, fra altre robete, una tassa de 60 orne de vin bon, de portarghe "a domicilio" per San Martino, lassando i tergestini praticamente "sine bracas" e a boca suta.

"*Dio lo vuole!*", e noi, i Cruce Segnati più importanti del mondo cattolico, con a capo il Doge Enrico Dandolo, dopo esserci riempite le saccocce di ogni ben di Dio, abbiamo fatto, per bene, tutto quello che voleva questo "caga in acqua" di un veneziano.

Ai Zaratini abbiamo rosicchiato persino i pali delle fondamenta; ai triestini abbiamo rasato le tasche con il tagliaerba e, a Costantinopoli, passata nel tritacarne, non le abbiamo lasciato neppure le lacrime per piangere.

"*E desso,*" chiesero i Crociati, "*Sommo Doge, sarebbe il momento di alzare le vele per la Terra Santa! Dio lo vuole!*"

"*Dio lo vuole?*", ha esclamato il Serenissimo: "*Ma cossa, tosi, gavè bacoli in testa? Andar fin a Gerusalemme co' le stive carighe de ogni ben de Dio? Omeni, chi ga in man el timon naviga e, sicome el timon lo tegno in man mi... ve garantisso, parola de Doge, che ve porto tuti 'vanti per daùr!*".

I Cruce Segnati, onda dietro onda, navigarono fino a quando scorsero spuntare fuori dalla nebbia il campanile di San Marco e si resero conto, in lieve ritardo, che "daùr" non era in Terra Santa ma che, nel dialetto triestino, voleva dire scherzosamente "indrio" al posto di "indietro".

Così è finita la gita per provare le vele. Veneziani e Crociati sono ritornati indietro a casa, senza vedere Gerusalemme neppure con il cannocchiale di marina, ma con le tasche colme di ogni ben di Dio.

Tanto che il capo dei crociati Bonifacio di Monferrato, giunto a casa dopo così lungo tempo, ha affrontato la moglie con fiero cipiglio: "*Madonna, levatevi quel cinto di castità ferruginoso che mo' ve lo rifaccio io, di oro zecchino!*".

Concludendo, il volere di Dio non venne eseguito dai Crociati in quanto: nell'Adriatico tutti gli istriani

"*Dio lo vol!*", e noi, i Cruce Segnati più importanti del mondo catolico, co' a capo el Doge Enrico Dandolo, dopo esserse impignidi le sacoce de ogni ben de Dio, gavemo fato, ben pulito, tuto quel che voleva questo "caga in aqua" de venezian.

Ai Zaratini gavemo rosigado persin i pai de le fondamenta; ai triestini ghe gavemo rasà le scarsele col taiaerba e, a Costantinopoli, passada nel tritacarne, no ghe gavemo lassà gnanca le lagrime per pianzer!

"*E, desso,*" ga domandado i Crociati, "*Somo doge, sarìa ora de alzar le vele per la Tera Santa! Dio lo vol!*"

"*Dio lo vol?*", ga esclamado el Serenissimo: "*Ma cossa, tosi, gavè bacoli in testa? Andar fin a Gerusaleme co' le stive carighe de ogni ben de Dio? Omeni, chi ga in man el timon naviga e, sicome el timon lo tegno in man mi... ve garantisso, parola de Doge, che ve porto tuti 'vanti per daùr!*".

I Cruce Segnati, onda drio onda, i ga navigado fin a quando i ga intravisto spuntar fora del caligo el campanil de San Marco e i se ga inacorto, in ritardo, che "daùr" no iera in Tera Santa, ma che in triestin voleva dir scherzosamente "Indrìo" al posto di "indietro".

Cussì xe finida la gita per provar le vele. Veneziani e Crociati i xe tornai indrìo senza vèder Gerusaleme gnanca col canocial de marina, ma co' le scarsele carighe de ogni ben de Dio.

Tanto che el capo dei Crociati Bonifacio di Monferrato, ritornado a casa dopo tanto tempo, 'l ga afrontà la molie a muso duro: "*Madonna, levatevi quel cinto de castità ferruginoso che mo' ve lo rifaccio io, de oro zecchino!*".

Rivando al struco, 'l voler de Dio no'l xe stado fato dai Crociati perché: tuti i istriani e dalmati che i ga dovù calar le "bracas" davanti al Serenissimo doge Enrico Dandolo, ancora ogidì i ringrazia i santi Nazario,

e dalmati che hanno dovuto calare le "bracas" davanti al Serenissimo doge Enrico Dandolo ancora oggi ringraziano i santi Nazario, Eufemia e Fosca per avere indossato le mutande pulite della festa. Nel mentre i tergestini, rosicchiandosi il fegato per l'orgoglio ferito, invocano ancora che San Giusto li guardi!

Il doge Enrico Dandolo nel Duomo di Muja.
Rievocazione storica della IV crociata a cura
delle XIII Casade di Trieste (anno 2004)

Eufemia e Fosca per gaver messo le mudande nete de la festa. Inveze i tergestini, rosegandose el figà per l'orgolio ferido, i prega ancora che San Giusto li vardi!

Geremia viene nominato "Soldato di Dio"
prima di partire per la IV Crociata.
Rievocazione storica a cura
delle XIII Casade di Trieste, (anno 2004)

4. L'ETÀ DI MEZZO

Tutta la storia di Tergeste alla fine del Duecento è storia di vescovi: un Imperatore, Enrico, confermò i regali che gli aveva fatto Lotario, ma questi nostri vescovi in realtà dipendevano dai Patriarchi di Aquileia, che erano diventati una potenza, perché avevano possedimenti dappertutto dal Tirolo all'Istria. Nel 1236 un vescovo, Giovanni, pieno di debiti, incominciò a vendere ai tergestini la libertà di governarsi senza di lui: è un precedente ma non dura. Nel 1280 i tergestini, come tanti di loro che vivono sul mare, facevano anche i pirati, e così conquistarono Caorle e la svuotarono portandosi dietro persino il Podestà.

Alla fine del Duecento, verso il 1291, i Veneziani assediarono Tergeste e, dopo un lungo assedio, la presero per fame. I Veneziani non trattarono con il vescovo ma con i cittadini e così, in un certo modo, riconobbero che la città era un piccolo Stato indipendente: un Comune come tanti in quel tempo in Italia.

Di fatto nel 1295 il vescovo Brissa di Toppo vendette alla città gli ultimi poteri che aveva e il primo podestà diventò il conte di Gorizia Enrico.

Il secolo più felice dell'Età di Mezzo tergestina fu il Trecento, perché c'erano feste e c'era abbondanza e i tergestini erano orgogliosi della loro città che cresceva a vista d'occhi. Ma i veneziani vigilavano e approfit-

4. L'ETÀ DE MEZO

Tuta la storia de Trieste a la fin del Duecento xe storia dei vescovi: un Imperator, Enrico, conferma i regali che ghe gaveva fato Lotario, ma 'sti nostri vescovi in realtà dipendeva dei Patriarchi de Aquileia che iera diventadi una potenza perché i gaveva possedimenti in ogni logo dal Tirolo a l'Istria. Nel 1236 un vescovo, Giovanni, pien de debiti, comincia a venderghe ai triestini la libertà de governarse senza de lu': xe un precedente ma no dura. Nel 1280 i triestini, che come tanti de lori che vivi sul mar fazeva anca i pirati, i conquista Caorle e i la svoda portandose drio anche el Podestà.

A la fine del Duecento, verso el 1291, i Veneziani assedia Trieste e, dopo un lungo assedio, i la ciapa per fame. I Veneziani no trata col vescovo ma coi citadini e cussì, in quel modo, i riconossi che la città xe un picio Stato indipendente: un comùn come tanti in quel tempo in Italia.

De fato nel 1295 el vescovo Brissa di Toppo vendi ala città i ultimi poteri che el gaveva e el primo podestà xe el conte de Gorizia Enrico.

El secolo più felice de l'Età de Mezo tergestina xe stado el Trecento, perché ghe iera feste e ogni ben de Dio e i tergestini i iera orgoliosi de la loro città che cresseva a vista d'ocio. Ma i veneziani i vigilava e aprofitava de ogni pretesto per acanirse sora la città che mi-

tavano d'ogni pretesto per infierire sulla città che minacciava di diventare una pericolosa concorrente. Fu così che nel 1368 presero Tergeste e la ridussero a mal partito. I triestini riuscirono in breve a liberarsi ma avevano capito, ormai, che da soli non ce l'avrebbero mai fatta.

A quel tempo i triestini non sapevano ancora che l'Austria aveva cavoli acidi difficili da digerire e così, per salvarsi dai veneziani e dal patriarca di Aquileia, e magari da altri ancora più prepotenti, hanno scelto di mettersi sotto la protezione del duca Leopoldo III, il Lodevole, che era duca d'Austria. Ma perché, si domanderà qualcuno, se non sapevano neppure parlare in tedesco? Il fatto è che i Conti di Gorizia, in quel periodo amici del Duca, avevano chiuso le strade commerciali che portavano verso Lubiana, da dove venivano i mercanti e soprattutto il grano. Non c'è stato verso di fargliele riaprire, neppure il Re d'Ungheria riuscì a convincerli. Per di più, i veneziani, che avevano in mano già l'Istria e Muggia, volevano a tutti i costi anche Tergeste. Infatti, durante l'assedio del 1368-69, i tergestini avevano gridato aiuto da tutte le parti cercando di farsi dare una mano dai Carrara di Padova, dal Patriarca, dagli ungheresi: niente, l'unico a dire di sì era stato proprio Leopoldo. Però i rinforzi mandati dal Duca i veneziani li avevano sbarazzati in un amen e così il "lodevole" aveva pensato bene di fare la pace dicendo al doge: *"Ascoltami bene, io mi levo fuori e ti lascio Tergeste, ma con una piccola spinta forse faccio prima..."*, e gli ha fatto con il pollice e l'indice un segno che vale per tutti i luoghi e tutti i tempi. Il veneziano fece un paio di conti e gli andò bene, così il Duca prese i soldi e il doge prese Tergeste. Alla fine è andata come sappiamo, ma i tergestini non potevano fare a meno d'avere il Duca d'Austria dalla loro parte, perché ormai lui controllava tutto il retroterra e, per di più,

naciava de diventar una pericolosa concorente. Xe sta cussì che nel 1368 i ga ciapà Tergeste e ridota a mal partito. I tergestini i xe rivadi in poco tempo a liberarse, ma i gaveva oramai capido che, de soli, no i ghe la gaveria mai fata.

In quela volta, i triestini no i saveva ancora che l'Austria gaveva capuzi che no se pol magnar e cussì, per salvarse de i veneziani e del patriarca de Aquileia, e magari da altri ancora più prepotenti, i ga scelto de meterse soto la protezion del duca Leopoldo III il Lodevole che iera Duca d'Austria. Ma perché, se domanderà qualchedun, se no i saveva gnanca el tedesco? Xe sta che i Conti de Gorizia, quela volta amici del Duca, gaveva serado le strade comerciali che portava verso Lubiana, de dove rivava i mercanti e sopratuto el gran. No xe sta verso de farghele riaprir: gnanca 'l Re de Ungheria xe rivà a convincer el Conte. Per de sora i veneziani, come gavemo visto, i voleva a tuti i costi anca Tergeste perché za i gaveva l'Istria e Muia. Difati, durante l'assedio del 1368-69, i tergestini gaveva zigà aiuto de tute le parti zercando de farse dar una man dei Carrara de Padova, del Patriarca, dei ungheresi: gnente, l'unico a dirghe de sì iera sta propio Leopoldo. Però i rinforzi mandai dal Duca i veneziani li ga disbratadi in un amen e cussì el "lodevole" ga pensà ben de far pase disendoghe al doge: *"Scoltime ben, mi me tiro fora e te lasso Tergeste ma con un picio sburto forsi fazo prima..."*, e 'l ghe ga fato col police e l'indice un segno che val per tuti i loghi e tuti i tempi. El venezian ga fato un do conti e ghe andava ben, cussì 'l Duca ga ciapà i bezi e 'l doge ga ciapà Tergeste. A la fin xe andà come savemo, ma i tergestini no podeva far de meno de zercar de gaver el Duca d'Austria de la sua, perché oramai lui controlava tuto el retrotera, e per de sora 'l ghe lassava una zerta autonomia. El Duca doveva mandar a Tergeste un capitano per la difesa e i proces-

lasciava a loro una certa autonomia. Il Duca doveva mandare a Tergeste (che avrebbe ben presto cambiato il nome latino nel più germanico Trieste) un capitano per la difesa e i processi penali e i tergestini dovevano mandargli a Graz cento orne del vino buono Ribolla, che poi sarebbe il Prosecco, che già in quel tempo era considerato molto bene. Insomma: nel settembre del 1382, con una buona bevuta si è sistemato tutto per 536 anni.

Tergestine al pozzo dissetano un armigero

si penali e i triestini doveva mandarghe a Graz cento orne de bon vin Ribola, che po' saria 'l Proseco, che za in quela volta iera 'ssai ben considerà. Insoma: verso settembre del 1382, co' na bona bevuda se ga tuto sistemà per 536 anni.

Ser Marco de' Giuliani, al seguito del Duca d'Austria

Dentro le mura

Passarono i secoli lentamente e la città, sul finire di quello che gli uomini chiamano secolo XIII, si accorse di essere diventata più forte, più salda e capace di stare in piedi da sola.

Tergeste dal 1200 al 1300 contava una popolazione di circa seimila abitanti, compreso il contado. La lingua ufficiale era la latina e, sino al 1400, tutti i documenti venivano trascritti solo in tale lingua.

Fu proprio nel XIII secolo, il 2 febbraio 1246, che tredici illustre famiglie tergestine, provenienti da antico sangue romano, formarono la Confraternita delle Tredici Casade: Argento, Baseggio, Belli, Bonomo Burlo, Cigotti, Giuliani, Leo, Padovino, Pellegrini, Petazzi, Stella e Toffani che, da quel giorno, tennero per lunghi secoli saldamente in mano il governo della città.

Le case cominciarono a moltiplicarsi e a farsi di bella facciata e confortevoli, tanto che i forestieri incominciarono a decantare questo luogo già in aria di ricco tenor di vita e i tergestini ringraziavano gli dei per il loro benessere. Dentro le mura i tergestini si dicevano: qui siamo a casa nostra e ci regoliamo come piace a noi. Fu così che, rotti i salvadanai, comprarono al vescovo il dominio sulla città e se stessi. Da allora diventarono un piccolo Stato e si dettero le proprie leggi. Le vidi queste leggi scritte su un grande codice di pergamena con tante figure che rappresentavano gli stessi cittadini. Ma i veneziani erano gelosi e più volte tentarono, a volte riuscendoci, di addomesticare i fieri tergestini.

Ci fu anche chi, come un tal Marco Ranfo, tentò di impadronirsi del potere e diventare il Signore di Tergeste. Ma i tergestini non volevano saperne di padroni e Signori, Re e potenti! Così lo condannarono a morte con tutto il suo Casato e nessuno più osò seguire la sua strada.

Dentro i muri

Pian a pian i secoli xe passai e la cità, a la fin de quel che i omini i ghe disi secolo XIII, la se ga inacorto de esser diventada più forte, più resistente e bona de star in pìe de sola.

Tergeste del 1200 al 1300 la contava 'na popolazion de zirca seimila de lori, contado compreso.

La lingue ufizial iera el latin e, sin el 1400, tuti i documenti i vegniva scriti solo in sta magnera.

Xe stado propio nel XIII secolo, el 2 febraio 1246, che tredise famose famee tergestine, che le iera de antico sangue roman, le ga fondado la Confraternita de le Tredise Casade: Argento, Baseggio, Belli, Bonomo Burlo, Cigotti, Giuliani, Leo, Padovino, Pellegrini, Petazzi, Stella e Toffani che, da quel giorno, le ga tegnudo per longhi secoli ben saldo in man el governo de la cità.

Le case ga scominciado a moltipicarse e a farse de bela faciada e confortevoli, tanto che i foresti i ga scominciado a parlar ben de sto logo za in aria de rico modo de vita e, i tergestini, i ringraziava i dèi per el suo star ben. Drento i muri i tergestini i se diseva: qua semo a casa nostra e se regolemo come che piasi a noi. Xe stado cussì che, rote le musine, i ga comprado al vescovo la signoria de la cità e de lori stessi. De quel tempo i xe diventadi un picio Stato e i se ga fato le sue propie legi scrite sora de un grando libron de carta pegora co' tante figure che le mostrava propio i stessi citadini. Ma i veneziani i iera invidiosi e più volte i ga tentado, a volte fazendola franca, de meter soto i pìe i superbi tergestini.

Xe sta anca chi, come un tal Marco Ranfo, el ga tentà de impadronirse del governo e diventar el Signor de Tergeste. Ma i tergestini no i voleva saverghene de paroni e Signori, Re e potenti! Cussì i lo ga condanado a morte e nissun ga più tentado de farlo.

La popolazione tergestina era ripartita in *cittadini*, cioè nati entro le mura, in *vicini*, in *distrettuali* o territoriali ed in *abitatori* o forestieri. I *vicini*, per godere i diritti a loro assicurati, dovevano promettere, dando malleveria, di erigere entro tre anni dalla avvenuta inscrizione una casa di pietra nella contrada Prelaser, in Castello.

I *cittadini* si dividevano in *patrizi, nobili* e *plebei*; il patriziato era una dignità istituita dal Comune.

Le prime due caste mandavano centottanta rappresentanti al Consiglio Maggiore, da cui si eleggevano quaranta per quello Minore o dei Pregadi. Raccolto il popolo negli arenghi, gli si comunicavano le più importanti deliberazioni dei due consessi e le sentenze penali.

Il rispetto alla legge e il buon governo politico e municipale erano affidati a una numerosa magistratura.

La città si divideva in quattro rioni: Castello, Riborgo, Mercato e Cavana.

Quartieri nobili erano: *Riborgo* e *Cavana*; in quest'ultimo si trovava la scuola pubblica, prossima alla chiesa di S. Sebastiano, e non lungi dall'arsenale.

Mercato ospitava i trafficanti, i feneratori, i venditori di stoffe e panni, cera e ferramenta. Castello albergava un piccolo numero di agricoltori e di facchini, detti *bastasi*; mentre gli artefici abitavano in via *Sporcavilla* e nelle rughe vicine. In Crosada c'era la loggia dei *brigenti* o *artieri*; un'altra loggia sorgeva sul pendio di Donota, una terza in Riborgo, poco lungi dall'ospitale e dal vecchio noce, che il Comune difendeva mantenendovi un riparo di stecconi; i pescatori, i marinai ed i *pegoloti* occupavano le catapecchie, appoggiate quasi addosso alle mura, presso la torre Fradella.

Le case patriziali, in gran parte, avevano torre e poggioli e, al basamento, quei sedili di pietra viva, che l'antica ospitalità offriva ai passanti; le case popola-

La popolazion tergestina iera divisa in *citadini*, val a dir nati dentro i muri, in *vicini*, in *distretuali* o teritoriali e in *abitatori* o forestieri. I *vicini* per goder dei diriti a lori assicuradi, i doveva prometer, dando garanzia, de costruir in tre ani de l'iscrizion, una casa de piera ne la contrada Prelaser, in Castelo.

I *citadini* se divideva in *patrizi*, *nobili* e *plebei*; la nobiltà iera una dignità istituida del Comun.

I primi do ceti i mandava 180 rapresentanti al Consilio Magior, de dove se elegeva 40 per quel Minor o dei Pregadi. Ciamado il popolo ne le riunioni, i ghe comunicava le più importanti ordinanze dei do Consili e le sentenze penali.

El rispeto de la lege e el bon governo politico e municipal i iera dadi in consegna a un gran numero de magistrati. La cità se divideva in quatro rioni: Castelo, Riborgo, Mercato e Cavana.

Quartieri nobili iera *Riborgo* e *Cavana*; nel secondo se trovava la scola publica, vizin de la ciesa de S. Sebastiano, e non lontan de l'arsenal.

Mercato ospitava i comercianti, i usurai, i venditori de stofe e pani, cera e feramenta. Castelo alogiava un picio numero de contadini e de fachini ciamadi *bastasi*; i artigiani i abitava in via *Sporcavila* e ne le viuze vizin. In Crosada ghe iera la confraternita dei *brigenti o artieri*; un'altra iera sul pendio de Donota, una terza in Riborgo, poco lontan del ospital e del vecio arboro de nose, che 'l Comun difendeva mantegnindoghe un riparo de steconi; i pescadori, i marinai e i *pergoloti* ocupava le barache, posade quasi ai muri, vizin la tore Fradella.

Le case dei patrizi, in gran parte, le gaveva tori e balconzini e, sula strada, quei sedili de piera viva, che l'antica ospitalità ofriva ai passanti; le case popolari inveze gaveva logie rastelade, teraze verte de una o più

ri invece altane chiuse da cancelli di legno, terrazze aperte da uno o più lati, luoghi per pigliar l'aria, ballatoi pensili coperti e balaustrati, scale esterne a gradini o a pendio.

La città era circondata dalle mura e aveva cinque porte principali: San Lorenzo, Donota, Riborgo, San Michele, del Porto o della Torre Grande. Le porte venivano custodite da cittadini armati. I militi, che di notte stavano a guardia delle torri e delle mura, a ogni tocco della campana di Caboro rispondevano con le grida di essere "*desti e attenti.*"

I tergestini

parte, loghi per ciapar aria, baladori pindolanti coverti e balaustradi, scale de fora a scalini o in spiover.

La città iera serada de muri e la gaveva zinque porte più importanti: San Lorenzo, Donota, Riborgo, San Michele, del Porto o della Torre Grande. Le porte iera custodide de citadini armadi. Quei che de note i stava a guardia de le tori e dei muri, a ogni toco de campana de Caboro i rispondeva zigando *desti e atenti*.

Le tergestine

Una leggenda metropolitana

I veneziani erano ancora a Trieste quando è scoppiata quella che gli storici chiamano la *Guerra di Chioggia* contro i genovesi e poco mancò che Venezia la perdesse. In effetti, i genovesi hanno inviato una grande flotta che ha sconfitto i veneziani e che ha preso, oppure liberato, come dir si voglia, tutte le cittadine dell'Istria veneta e Trieste.

Correva la primavera dell'anno 1380 e i veneziani avevano inviato qui, come podestà, un certo Donato Tron. Questo qui era un fior di mascalzone, ladro e, alla bisogna, anche assassino e sua moglie, come si mormorava, era peggio di lui. Se i veneziani avessero voluto spingere i tergestini in braccio ai genovesi, non avrebbero potuto fare di meglio. Infatti, quando i genovesi si sono messi d'accordo, i triestini hanno pensato bene che fosse il momento giusto per liberarsi da quel delinquente di Tron e per dimostrare che si erano liberati da soli, senza dover dire grazie a nessuno.

Nasce così la leggenda metropolitana medievale di Tiner, il cane di Donato Tron.

Dovete sapere che questo podestà aveva un cane che, forse, era l'unico essere vivente al quale volesse bene per davvero. Era coccolato e viziato più di un figlio ed era l'unico punto debole di Donato Tron e i triestini pensarono bene di poterlo adoperare contro di lui, ma come?

I veneziani, come potete immaginare, a Tergeste avevano una grande guarnigione e ben due castelli per tenere a freno i cittadini pronti a ribellarsi e, va da sé, sulle mura della città e alle porte erano i soli a presidiare. Nessuno poteva entrare o uscire da Tergeste, men che mai quei triestini che erano stati mandati in esilio perché contrari a Venezia.

Una legenda metropolitana

I veneziani iera ncora a Trieste co xe scopiada quela che i storici ciama la *"guera de Chioza"* contro i genovesi e poco ga mancà che Venezia la perdessi.

Defati, i genovesi ga mandà una grando ciapo de navi de guera, che ga batudo i veneziani e che ga ciapà o liberà, come che volè voi, tute le citadine de l'Istria veneta e Trieste.

Ierimo ne la primavera de l'ano 1380 e i veneziani gavevà mandà qua come podestà un certo Donato Tron. Sto qua iera un fior de manigoldo, ladro e, se ocori, anca assassin e sua molie, come che i diseva, la iera pezo de lu. Se i veneziani gavessi voludo sburtar i triestini a brazacolo dei genovesi, no i gavaria podudo far de meio.

E defati, co i genovesi i se ga acordado col Patriarca de Aquileia per rivar a Trieste sia per mar che per tera, i triestini i ga pensà ben che iera ora de liberarse de quel delinquente de Tron e magari anca far veder che i se ga liberà de soli senza dover dirghe grazie a nissun.

Nassi cussì la legenda metropolitana medioeval de Tiner, el can de Donato Tron.

Dovè saver che sto podestà gaveva un can che 'l iera forsi l'unico essere vivente al qual el ghe volessi ben sul serio, ma tanto sul serio che sto can iera cocolà e vizià più che un fio: iera l'unico punto debole de Donato Tron e i triestini i pensava ben de poderlo doprar contro de lu, ma come?

I veneziani, come podè imaginarve, gaveva un grossa guarnigion e do castei e sui muri de la cità e a le porte ghe iera solo lori, nissun podeva entrar o andar fora de Trieste e men che mai quei triestini che iera stai mandai in esilio perché i iera contro Venezia. Sti qua spetava, sconti fra i grembani, l'ocasion bona per

Gli esiliati aspettavano, nascosti sotto le mura, l'occasione buona per infiltrarsi in città e sollevare il popolo contro quel manigoldo di podestà, ma le porte eran chiuse e ben guardate. E qua i triestini hanno avuto una pensata di quelle giuste. Si sono messi in contatto con il cancelliere del podestà, che era amico dei triestini perché aveva un parente nell'esercito dei veneziani.

Questo tizio, con la scusa di far fare al Tiner la solita passeggiatina, lo ha fatto sparire e poi è corso dal Donato Tron dicendogli che Tiner era scappato fuori dalla porta della città e che, certamente, sarebbe morto di freddo e di fame.

Donato Tron si è agitato enormemente e, senza pensare al pericolo, si è tolto l'anello con il sigillo di Podestà e ha mandato il cancelliere a far aprire subito la porta per far rientrare il Tiner.

Il cancelliere, che si era già messo d'accordo con i triestini in attesa fuori le mura, si è fatto aprire la porta e ha chiamato per due volte: *"Tiner! Tiner!"*: era il segnale! I fuoriusciti non aspettavano altro.

Subito quelli nascosti fuori dalla porta si sono scagliati all'interno, hanno fatto fuori le guardie veneziane e sono entrati in città facendo un fracasso così grande che tutta la popolazione si è sollevata e, tutti uniti, hanno defenestrato i veneziani e Donato Tron.

La città è stata liberata e il podestà gettato in carcere. Ma i tergestini erano talmente inferociti che hanno tentato di farlo uscire per linciarlo. Così, per non far inferocire ancora di più i veneziani, non è rimasto altro modo che restituire il Tron, insieme alla moglie e al Tiner.

Rientrati nella Serenissima, Donato Tron e la moglie sono stati arrestati e condannati anche a Venezia, perché erano per davvero una coppia di delinquenti e non solo a Tergeste!

sburtarse in città e solevar el popolo contro quel manigoldo de podestà, ma le porte le iera serade e ben vardade.

E qua i triestini ga 'vudo una pensada de quele giuste. I se ga messo in contato col cancelier del podestà, che 'l iera amico dei triestin, perché el gaveva un parente ne l'esercito del Podestà. Sto qua, co' la scusa de farghe far el solito gireto al can, lo ga fato sparir e po' el xe corso de Donato Tron, disendoghe che Tiner iera scampà fora de la porta de la cità e che sicuro el saria morto de fredo e de fame.

Donato Tron se ga agità un fraco e, senzapensar al pericolo, el se ga cavà l'anel col sigilo de Podestà e 'l ga mandà el cancelier a far verzer subito la porta per far tornar drento el Tiner.

El cancelier, che 'l se gaveva za messo d'acordo coi triestini che spetava fora dei muri, 'l se ga fato verzer la porta e 'l ga ciamà do volte: *"Tiner, Tiner!"*: iera el segnal! Quei no i spetava altro.

De boto i triestini sconti fora de le porte i se ga sburtà drento, i ga disbratà le guardie veneziane e i xe entrai in cità fazendo un casoto cussì grando, che tuta la popolazion se ga solevado e tuti insieme i ga defenestrado i veneziani e Donato Tron.

La cità xe stada liberada e 'l podestà butà in canon. Ma i triestini i iera cussì inferozidi, che i ga tentà de tirarlo fora per "farghe la festa". Cussì, per no far imbilar ancora de più i veneziani, no xe restà altro che tornarghe indrio el Tron insieme a la molie e a Tiner.

Tornadi ne la Serenissima, Donato Tron e la molie i xe stai caturadi e condanadi anca a Venezia perché i iera sul serio na cubia de delinquenti e no solo a Trieste!

No savemo se Tiner xe morto de veciaia o per man de un inviperido venezian, ma semo sicuri che a Trie-

Non sappiamo se Tiner sia morto di vecchiaia o per mano di un inviperito veneziano, ma siamo certi che ancora oggi a Trieste, quando qualcosa va storto o si ha una brutta sorpresa, qualcuno si sfoga, anche se fuori moda, esclamando un liberante: "Orco Tron!".

Momento rievocativo. Il rientro nel Castello di San Giusto

ste, co ne capita qualcossa de storto o una bruta sorpresa, ancora ogi, anca se fora moda, esclamemo un liberante: "Orco Tron!".

Lettura del bando al podestà Donato Tron

5. L'ETÀ MODERNA

La distruzione di Trieste

La Dedizione di Trieste agli Asburgo nel 1382 non fu tutta rose e fiori ma, come era logico pensare, i triestini si divisero in due partiti: quella dei *filo-imperiali* e quella de *filo-veneziani*, l'una contro l'altra, armati.

Nell'anno di grazia 1467, dopo un'altra peste che fece morire un quinto della popolazione, una parte dei triestini *filo-imperiali* si ribellò e, ovviamente, come risposta i cittadini legati al partito filoveneziano bandirono i triestini *filo-imperiali*, che corsero a chiedere soccorso al Capitano imperiale di Duino, Nicola Luogar.

La notte di Capodanno del 1468, il Capitano imperiale di Trieste aprì furtivamente la porta di Donota ai cittadini banditi e il Luogar, alla testa di un corpo di mille uomini delle truppe imperiali a scorta dei *filo-imperiali,* entrò a Trieste, la riconquistò e la saccheggiò completamente, tanto che questa rimpatriata imperiale è stata chiamata *la Destruzion de Trieste*.

Il Luogar, diventato Capitano imperiale di Trieste, fece riabilitare i *filo-imperiali* rientrati in città e fece imprigionare a Duino gli ex maggiorenti veneti sospetti, lasciando al saccheggio le loro case.

Il 15 agosto scoppiò una nuova rivolta dei *filo-veneti*, che espulsero nuovamente la fazione *filo-imperiale*

5. L'ETÀ MODERNA

La destruzion de Trieste

La Dedizion de Trieste ai Asburgo nel 1382 no xe stada tuta rose e fiori ma, come iera logico pensarla, i triestini i se gaveva diviso in do partiti: quela dei *filo-imperiali* e quela dei *filo-veneziani*, l'una contro l'altra armadi.

Ne l'ano de grazia 1467, dopo un'altra peste che gaveva fato andar a sburtar radicio un quinto de la popolazion, una parte dei triestini *filo-imperiali* i se ga ribelado e, se sa ben, in risposta i *filo -veneziani* i gaveva butà fora de la città i *filo-imperiali*, che i xe 'ndadi de corsa a domandar aiuto al Capitan imperiale de Duin, Nicola Luogar.

La note del primo de l'ano del 1468 el Capitan imperial de Trieste, restado in città, 'l ga verto de scondon la porta de Donota ai *filo-imperiali*, che i iera stadi butadi fora, e el Luogar, a capo de una trupa de mile omini de le milizie imperiali a protezion de lori, i xe entrai a Trieste e i ga de novo ciapà in man e sachegià tuta la città, tanto che sta rimpatriada imperial la xe stada ciamada la *Destruzion de Trieste*.

El Luogar, diventado Capitan imperial de Trieste, el ga riabilitado i *filo-imperiali* ritornadi in città e fato imprigionar a Duino i ex notabili sospetadi lassando al sachegio le loro case.

che tornò nel Castello di Duino. I cittadini di Trieste si opposero in armi facendo prigioniero il Luogar, che ottenne la libertà in cambio del rilascio dei triestini che si trovavano nelle carceri di Duino. I triestini, che a lui si erano rivolti e lo avevano sostenuto, furono tutti impiccati tra gli archi della loggia municipale e la città fu in mano degli insorti per un anno.

L'anno seguente Trieste chiese nuovamente protezione all'Austria contro la Repubblica veneta. Questa seconda *dedizione* comportò clausole molto più pesanti della prima dedizione del 1382.

Il 28 maggio 1468 la città "si dette" nuovamente al Duca d'Austria. La disfatta era totale e il Comune di Trieste accettava la nuova dedizione che comportava *l'abdicazione e consegna all'Arciduca del reggimento e del governo della città sino allora goduto.*

Scontro tra i filo-veneti e i filo-imperiali che rientrano in città

El 15 agosto xe scopiada una nova rivolta, che ga butado de novo fora i *filo-imperiali*, che i xe tornai de novo al Castel de Duino. I citadini de Trieste se ga oposto co' le armi e fato prigionier el Luogar, che 'l xe stado liberado in cambio de quei triestini che i se trovava ancora in carcere a Duino.

I triestini che i lo gaveva prima ciamado e sostenudo, i xe stadi tuti impicadi tra le volte de la logia municipal e la città xe stada in man ai insorti per un ano.

L'ano dopo Trieste ga domandado de novo la protezion a l'Austria contro la Republica veneta. Sta seconda *dedizion* ga comportado regole più dure de quele del 1382.

El 28 magio 1468 la città "se ga dado" de novo al Duca d'Austria. La resa iera completa e 'l Comun de Trieste fazeva bon viso a cativo giogo, che costava *l'abdicazion e consegna a l'Imperator del regimento e del governo de la città fin a quel momento godudo.*

Momento rievocatico, Concordio Adriae
(Trieste-Muggia 2005)

Mamma, li Turchi!

Nell'anno di grazia 1453 il sultano Maometto II°
sovvertì l'impero orientale e, presa per assalto Costantinopoli il 29 maggio, proseguì le sue conquiste.

Nel 1465 s'impadronì della Bosnia, non mancando
di far scorticare vivo il re Stefano.

Nel 1470 i Turchi uscirono dalla Bosnia e fecero varie incursioni nel Friuli, nell'Istria e nelle parti vicine a
Trieste e, in particolare, lasciata la Bosnia nel 1470 circa 8000 di essi, arrivarono a Buccari, indi a Agronico,
Clana, Castelnovo e Basovizza sopra Trieste; abbrucia-
rono Prosecco, Duino, Monfalcone e, passato l'Isonzo,
depredando ed abbruciando il Friuli, ritornarono conducendo gran quantità di schiavi al loro paese.

Nel 1476 venne nuovamente gran quantità di Turchi scorrendo il Cragno e il Carso sopra Trieste. Giunti all'Isonzo nel Friuli, vennero a un fatto d'armi col
generale veneto Antonio di Verona, che uccisero con
3000 uomini, saccheggiando la provincia. I triestini,
inteso il caso, assoldarono 200 uomini d'arme per difesa della città e del territorio.

Sotto il castello di Moccò nelle parti di S. Servolo,
ora distrutto, seguì una scaramuccia con una compagnia di Turchi che calavano. Ne furono atterrati cinque, e tre di Trieste rimasero morti.

Trasportarono circa 50 schiavi da questi confini,
ma questi, dopo sei mesi, seppero fuggire, e ritornarono tutti alle loro case.

Nel 1482 vennero per la terza volta i Turchi nel
Friuli condotti da Ali Bassà della Bosnia e, passata la
Culpa, scorsero la Carniola e la Carinzia, come pure
l'Istria, saccheggiando i luoghi per ove passavano.

Per questo motivo, nel seguente anno 1483, il pievano di Lanischie, e i vicari di Semich, Draguch, Rozzo

Mama, i Turchi!

In quel del 1453 el sultano Maometto II° ga ribaltà l'impero oriental, e, dopo gaver assalido Costantinopoli, el 29 maggio, 'l ga continuado le sue conquiste e, nel 1465, 'l se ga impadronido dela Bosnia, senza dismentigar de far scortigar vivo el re Stefano.

Nel 1470 i Turchi i ga abandonado la Bosnia e i ga fato varie scoribande ne l'Istria, nel Friul, e ne le parti vizin de Trieste e, in specie, nel 1470, lassada la Bosnia, circa 8000 de lori i xe rivadi a Buccari, po' a Grobnico, Clana, Castelnovo e Basoviza sora Trieste; i ga brusaciado Proseco, Duino, Monfalcone, e passado l'Isonzo, depredando e brustolindo el Friul, i xe tornadi indrio portandose via una zaia de s'ciavi al loro paese. Nel 1476 xe tornadi de novo un mucio de Turchi a far scoribande in Cragno e 'l Carso sora Trieste.

Rivadi al'Isonzo in Friul, i ga fato 'na bataia co' el general veneto Antonio di Verona, che i ga copado insieme a 3000 omini, sachegiando la provincia. I triestini, sentì coss' che iera nato, i ga reclutado 200 soldai per difender la cità e il teritorio.

Soto del castel de Mocò, vizin S. Servolo, 'desso butado zo, xe nato un combatimento co' una compagnia de Turchi che i stava calando a Trieste. Xe stadi messi a tera zinque de lori, e tre de Trieste i xe morti. I ga portado via zirca 50 s'ciavi de 'sti confini, ma sti qua, dopo sie mesi, i ga savù scampar, e xe tuti ritornadi a le loro case.

Nel 1482, per la terza volta, i Turchi xe tornai in Friul portadi de Ali Bassà de la Bosnia e, passada la Culpa, i ga scorazado la Carniola e la Carintia, come anca l'Istria, sachegiando i loghi per dove i passava. Per sta ragion, ne l'ano 1483, el pievano de Lanischie, e i vicari de Semich, Draguch, Rozzo e Colmo, pensio-

e Colmo, pensionari del capitolo di Trieste, si videro inabilitati a pagare le pensioni dovute.

Successero le medesime incursioni de' Turchi per l'Istria veneta negli anni 1493 e 1501.

Nel dì 24 di maggio 1687 approdarono in Cittanova nell'Istria due fuste di Dulcignotti, i quali, dopo aver saccheggiata la città e le chiese, ritornarono ai loro legni, conducendo circa 40 schiavi, fra i quali il podestà Giambattista Barozzi, sua moglie, e la famiglia. Il vescovo per esser andato il precedente giorno a Parenzo per cresimare, fuggì l'infortunio.

Un certo Vetta, piranese, rinnegato li condusse, e non avendo, a causa del vento, potuto andare a Pirano, dove voleva guidarli, fecero la discesa a Cittanova. La repubblica riscattò il podestà coll'esborso di 4000 zecchini, e la di lui famiglia con 1500.

Tratto da: *L'Istria, II anno, N° 50-51, Sabato 21 agosto 1847.*

*I nobili Mario de' Belli, Antonio de' Argento
e Renzo dei Giuliani*

nadi de la Ciesa de Trieste; no i ga podudo pagar le solite pensioni.

I Turchi, nei ani 1493 e1501, i ga fato le stesse scoribande per l'Istria veneta.

Nel·dì 24 de magio 1687, xe sbarcadi a Citanova in Istria do fuste de Dulcignoti che, dopo gaver sachegiada la città e le ciese, i xe tornadi a le loro barche, portando via zirca 40 s'ciavi e, fra de lori, el podestà Giambattista Barozzi, sua molie, e tuta la famea.

El vescovo per esser andà el giorno 'vanti a Parenzo per cresimar, el xe scampado al rapimento.

Un zerto Vetta, piranese rinegado, ga portado via quei caturadi e, no gavendo per via del vento podudo andar a Piran, dove 'l voleva guidarli, i xe sbarcai a Cittanova. La republica ga riscatado el podestà sborsando per lui 4000 zechini e per la sua famea 1500.

I nobili Ernesto de' Burlo, Duilio de' Toffani
e Piero de' Bonomo

Le lotte fra Trieste e Mugla

Correva l'anno di grazia 1511 quando scoppiò lo scontro più cruento fra i due Comuni di Trieste e di Mugla (Muggia), quando i triestini, esasperati da un devastante assedio apportato dai veneziani e dai muglesani, decisero che fosse giunto il momento di dare a questi ultimi una lezione.

Danno su danno, le autorità imperiali, intenzionate a proseguire il conflitto con Venezia sul piano economico, proibirono ai triestini di commerciare con i veneti. In tal modo la città, ridotta allo stremo dopo la violenta offensiva appena subita, colpita dalla miseria e dalla carestia, si trovò priva di qualsiasi risorsa per sopravvivere; mentre il Capitano imperiale Niklas Rauber si adoperava a far rispettare tale proibizione più con le cattive che con le buone.

Disgrazia su disgrazia, il 26 marzo 1511 un devastante maremoto scatenò l'apocalisse sulla città.

Trieste venne travolta da un maremoto che distrusse le banchine e due torri del porto con molte mura e case. Un banco d'acqua si abbattè sulle rive e costrinse la popolazione a ritirarsi sulla collina di San Giusto, mentre ampi tratti delle mura e numerose case crollavano. Non solo la guerra molestava Trieste, ma anche la peste, con morte di molti e afflitti diversi.

Ma tutto il periodo è stato brutto, pestilenza all'inizio dell'anno, miseria, blocco navale dei veneziani, suppliche all'Imperatore che aveva ben altri problemi... protestò che quell'anno non aveva ricevuto le orne di ribolla! Ma il peggio doveva ancora arrivare. Il vescovo Pietro de Bonomo, uno delle Tredici Casade, strenuo sostenitore dell'Impero, si mise a scuotere gli animi dei suoi concittadini che, a parer suo *"mostravano tanta inoffensività e tanta passività di fronte ai veneziani!"*.

Le lote fra Trieste e Mugla

Coreva l'ano de grazia 1511 quando xe s'ciopado 'l scontro più sanguinoso fra i do Comuni de Trieste e de Mugla (Muggia), co' i triestini, stufi de un disastroso assedio tegnudo dei veneziani e dei muglesani, i gaveva deciso che fussi rivado el momento de darghe a 'sti ultimi una lezion.

Scopola drio scopola, le autorità imperiali, che le voleva 'ndar vanti a sbarufarse co' Venezia per scopi economici, le ga proibido ai triestinii de far comercio co' i veneti. In sta magnera la cità, ridota a la fame dopo 'l violento assalto 'pena ricevudo, colpida de la miseria e de la carestia, la se ga trovado senza risorse per sopraviver; in quel che 'l Capitano imperial Niklas Rauber fazeva de tuto per far rispetar 'sto ordine più co' le cative che co' le bone.

Disgrazia drio disgrazia, el 26 marzo 1511 un teribile teremoto ga scadenado l'ira de Dio sora la cità.

Trieste xe stada travolta de un maremoto che 'l ga distruto le banchine e due tori del porto co' un mucio de muri e de case. El banco de aqua che xe rivado ga costreto la popolazion a ritirarse su la colina de San Giusto, in quel che grandi tochi de muri e case i crolava. No solo la guera molestava Trieste, ma anche la peste, con molti morti e disperazioni.

Ma tuto el periodo iera bruto, pestilenza in principio de l'ano, miseria, blocco naval dei veneziani, suppliche a l'Imperator che gaveva altri problemi... el ga protestado che quel ano no i ghe ga mandado le orne de ribolla! Ma el pezo doveva ancora rivar. El vescovo Piero de Bonomo, un de le Tredise Casade, grande Protetor de l'Impero, el se ga messo a scorlar l'anima dei sui concitadini che, a parer suo, *"i mostrava de esser ofensivi e senza voia de fronte ai veneziani!"*.

Mentre le autorità imperiali armarono due brigantini e li spedirono a far scorrerie lungo la costa istriana con un equipaggio che non si contraddistinse certamente per affabilità e cortesia, tant'è che i muglesani inviarono un messaggio alle autorità triestine minacciando rappresaglie terribili qualora i due brigantini fossero ricomparsi a fare danni invitandoli chiaramente ad "andare a zappare"!

Il Rauber ovviamente si guardò bene dal trasformare i marinai in agricoltori e fece uscire nuovamente dal porto i due brigantini.

Prontamente i muglesani dalle parole giunsero ai fatti.

Si tramanda che *"fu come se un ciclone si fosse abbattuto sui poggi dei dintorni, che dopo parevano non essere mai stati coltivati"*. Per mare si congregarono centosedici barche, due fuste, una galera e diversi brigantini, e per terra gente a piedi e a cavallo, al numero di quattromila. Pervenuti i muglesani per mare e per terra al territorio di Trieste, per due giorni continui non cessarono apportar grandissimo guasto, riportandosi la sera a Mugla.

I muglesani si sistemarono sul colle di San Vito, ma vennero ricacciati dai soldati del Rauber il quale, a guisa di monito, fece catturare un triestino filoveneto e appendere ad una forca allestita a Campo marzio, affinché i muglesani dall'altra sponda lo potessero ben vedere.

Le scorribande dei due brigantini imperiali ripresero come e più di prima, mentre la situazione a Trieste era in fase di stallo.

Il vescovo Pietro de Bonomo decise allora che era ora di dare alla Serenissima e a Mugla, in particolare, una bella lezione. Ma ahimè, i triestini dopo aver assaltato e rovinato il castello di Moccò, condussero un assedio a Mugla senza successo.

Nel istesso tempo le autorità imperial i ga armado do brigantini e li ga spedidi a far ruberie longo la costa istriana co' una ciurma che no se ga de zerto fato valer cocolezi e cortesia, tanto xe vero che i muglesani i ga mandà una comunicazion a le autorità triestine minazando teribili ritorsion se i do brigantini i gaveria tornado a far dani invitandoli ben in ciaro de "andar a zapar"!

El Rauber se sa 'l se ga ben vardado de trasformar i marineri in contadini e 'l ga fato de novo andar fora del porto i do brigantini.

Tampergnam i muglesani de le parole i xe rivadi ai fati. Se tramanda che " *xe stado come se un ciclon se fussi 'batudo sui campi in giro che, dopo, i pareva no esser mai stadi coltivadi prima*".

Sul mar i ga messo insieme centosedici barche, do fuste, una galera e diferenti brigantini, e per tera gente a pìe e a caval, in tuto quatromila de lori.

Quando i muglesani i xe rivadi per mar e per tera nel teritorio de Trieste, per do giorni de seguito no i ga finido de far una stragranda rovina, tornando indrio de sera a Mugla.

I muglesani i se ga sistemado sul cole de San Vito, ma i xe stai butai indrio dei soldai del Rauber che, per meterli in guardia, 'l ga fato caturar un triestin filoveneto che xe stado impicado a una forca preparada a Campo Marzio, per far sì che i muglesani de l'altra riva i lo podessi veder ben.

Le scoribande dei do brigantini imperiali le iera de novo, come e più de prima, scominciade, in quel che la situazion a Trieste la iera ferma.

El vescovo Pietro de Bonomo 'l ga deciso alora che iera ora de dar a la Serenissima e a Mugla in particolar, una bela lezion. Ma, ahimè, i triestini , dopo gaver assalido e distruto el Castel de Moccò, i ga scominciado un assedio a Mugla senza gaver sucesso.

Pietro de Bonomo accusò i triestini di scarso rendimento, commentando: *"A gran pena li ho fati ruinar Mochò, ha bisognato tirarli per i capelli"*. Ma, piuttosto, furono le vicissitudini e la spossatezza della fame che li aveva resi alla fine ben poco combattivi.

A sciagura seguì nuova sciagura: per vendicare i tre giorni d'assedio dei triestini a Mugla, le autorità della Serenissima disposero una rappresaglia terribile: nei giorni successivi la costa e i vigneti fra Grignano, Cedas e Barcola furono assaltate dai veneziani giunti con galere, fuste e brigantini e venne fatta terra bruciata.

Armigeri al soldo del vescovo Pietro de Bonomo

Pietro de Bonomo ga acusado i tergestini de scarso rendimento, comentando: *"A gran pena li ho fati ruinar Mochò, ha bisognato tirarli per i capelli"*. Ma, inveze, dopo tuto quel che iera nato, e la mancanza de forze per via de la fame, li gaveva fati ben poco combativi.

A disgrazia drio disgrazia: per vendicar i tre giorni de assedio fato dei triestini a Mugla, le autorità de la Serenissima le ga ordinado una rapresalia teribile: nei giorni dopo, la costa e i vigneti fra Grignano, Cedas e Barcola i xe stadi assalidi dei veneziani rivadi co' galere, fuste e brigantini che i ga fato tera brusada.

L'indimenticabile storico Renzo Arcon in veste medievale

Il rinascimento triestino

A Trieste l'anno di grazia 1600 incominciò male a causa di una terribile pestilenza che, per fortuna, fu anche l'ultima. I triestini non lo sapevano, ma era proprio la peste descritta nei "Promessi Sposi" del Manzoni.

A quel tempo Trieste era una piccola città ancora medievale, di circa cinquemila abitanti, cinta dalle mura e arroccata al colle di San Giusto dove spiccavano il castello e la basilica.

Sottostanti c'erano le piccole case del popolo, in mezzo alle quali si ergeva la *chiesa barocca dei gesuiti detta di Santa Maria Maggiore*.

Scendendo al mare si trovavano le case padronali dei nobili e la *Piazza San Pietro*, popolarmente detta *Grande* con il *Palazzo comunale*, la *Torre del Mandracchio*, la *chiesa di San Pietro* e l'*Osteria Grande*.

Fuori le mura c'erano i campi coltivati, le saline e un piccolo squero dove si riparavano e costruivano le barche.

La popolazione era sempre più esigua, tanto da temere che Trieste scomparisse addirittura oppure diventasse un misero borgo di pescatori.

Ma i triestini rinacquero! Grazie al fatto che gli Asburgo, passata la tempesta dell'invasione turca, vollero ampliare i commerci sul mare, Trieste divenne un grande emporio dove le merci andavano e venivano in una quantità mai vista sino ad allora tanto che Maria Teresa, sovrana Arciduchessa degli austriaci e Imperatrice di tanti altri popoli, volle ampliarla ed abbellirla. Trieste si ingrandì sempre più e i suoi abitanti si moltiplicarono anche perché molti vennero da ogni luogo a cercarvi fortuna. E mentre Venezia era al tramonto, Trieste diventava un porto fiorente, dove si costruivano tante splendide case e grandiosi palazzi.

El rinassimento triestin

L'ano de grazia 1600 a Trieste scominzia mal per via de 'na teribile peste che, per fortuna, xe stada anca l'ultima. I triestini no i lo saveva, ma iera propio la peste scrita nei "Promessi Sposi" del Manzoni.

In quela volta Trieste la iera una picia città ancora medieval, de zirca cinquemila abitanti, serada dentro i muri con le case costruide in alto sul cole de San Giusto, dove se vedeva ben el castel e la basilica.

Più in basso ghe iera le pice case del popolo dove, in mezo, se vedeva in alto la *ciesa baroca dei gesuiti ciamada Santa Maria Maggiore*.

Andando verso el mar se trovava le case dei nobili e la *Piaza San Pietro*, del popolo nominada *Grande* con el *Palazo comunal*, la *Tore del Mandrachio*, la *ciesa de San Pietro* e l'*Osteria Grande*.

Fora i muri ghe iera campi coltivadi, le saline e un picio squero dove se riparava e costruiva le barche.

La popolazion era sempre de meno, tanto de preocuparse che Trieste diritura la sparissi o la finissi per esser un povero borgo de pescadori.

Ma i triestini i ga savudo nasser de novo!

Grazie al fato che i Asburgo, passada la tempesta de l'invasion turca, i ga voludo slargar i comerci sul mar, Trieste xe diventada un mercà dove la roba la andava e vigniva a biondo dio, come mai visto prima, tanto che Maria Teresa, Arciduchessa dei austriaci e Imperatrice de tanti altri popoli, la ga voludo farla più granda e più bela.

Trieste la se ga ingrandì sempre de più e i sui abitanti i se ga moltiplicado anca perché un mucio de lori i xe rivadi de ogni logo a zercarghe fortuna. E in quel che Venezia tramontava, Trieste diventava un porto sempre più rico, dove se costruiva tante stupende case e grandiosi palazi.

Il 9 giugno 1640 nasce in quel di Vienna il piissimo, felicissimo augusto arciduca d'Austria Leopoldo I d'Asburgo.

Il primo ottobre 1685 viene alla luce a Vienna Carlo VI, figlio di Leopoldo I, nonché futuro padre di Maria Teresa.

Nel 1660 l'augusto arciduca d'Austria Leopoldo I° d'Asburgo, Signore di Trieste e Imperatore del Sacro Romano Impero visitò la sua piccola città di Trieste. Per onorarlo i triestini gli eressero una statua che, ancora oggi, fa bella mostra di sé sulla colonna di Piazza della Borsa

El 9 giugno 1640 nasseva in quel de Vienna el piissimo, felicissimo augusto arciduca d'Austria Leopoldo I d'Asburgo.

El primo otobre 1685 vegniva al mondo a Vienna Carlo VI, fio de Leopoldo I e, per de sora, futuro papà de Maria Teresa.

Nel 1728 anche l'Imperator Carlo VI, fio de Leopoldo I°, 'l vien a Trieste per verzer un Porto Franco che daghi vita al comercio austriaco. Visto l'Adriatico: "Wunderbar!", el ga dito. E de boto 'l xe sta alzà, come su pare, sora una colona in Piaza Granda de dove 'l mostra che bela che xe la sua Trieste

6. L'ETÀ DEI LUMI

Nei primi decenni del 1700, l'aspetto politico e sociale di Trieste è ancora legato agli antichi Statuti cittadini. I nobili del Consiglio cittadino eleggono i giudici e i rettori che rappresentano la massima autorità politica della città: nominano i vicedomini; scelgono il "giudice del maleficio" per le cause penali e quello per le cause civili; nominano i Procuratori Generali (ragionieri del comune) e il fonticaro al quale è affidato l'approvvigionamento dei cereali mentre, come stabilito nella dedizione agli Asburgo del 1382, l'autorità imperiale evoca a sé la nomina del Capitano della città.

Ma ecco che sopraggiunge un evento che dà il via a un radicale cambiamento del vissuto triestino: Il 18 marzo 1719, l'imperatore Carlo VI proclama lo stato di *porto franco* per la città di Trieste.

E sarà proprio lui, Carlo VI, il secondogenito di Leopoldo primo, che, uno contro tutti i parrucconi dei suoi ministri, l'ebbe vinta sul Porto Franco a Trieste. Perché a Carlo il cervelletto gli marciava più veloce dell'armata di Napoleone in Italia, e alla fine è sbottato: *"Ma è mai possibile che debbo fare tutto io?"*. Sebbene i ministri di Carlo non sapessero neppure nuotare, pian pianino, gli hanno dato bado. Ed è così, ancora oggi, che Carlo sesto Imperatore, dalla sua alta colonna in Piazza Unità, con il dito puntato sul Porto Franco, mostra le meraviglie che è riuscito a creare per Trieste.

6. L'ETÀ DEI LUMI

Nei primi ani del 1700 l'aspeto politico e social de Trieste xe ancora ligado ai veci Statuti dela cità. I nobili del Consilio citadin i nomina i giudici e i retori che i rapresenta la più granda autorità politica dela cità: i nomina i vicedomini; i sielzi el "giudise del malefizio" per le cause penali e quel per le cause civili; i nomina i Procuratori Generali (ragionieri del comun) e el fonticaro che bada al rifornimento del frumento, in quela che, come stabilido nela dedizion ai Asburgo del 1382, l'autorità imperiale mantien sua la nomina del Capitano de la cità.

Ma eco che 'riva un avenimento che dà el via a un cambiamento definitivo del viver triestin: el 18 marzo 1719, l'imperator Carlo VI proclama el *porto franco* per la città de Trieste.

E sarà proprio lui, Carlo VI, el secondogenito de Leopoldo primo, che, uno contro tuti i paruconi dei sui ministri, la ga 'vuda vinta sul Porto Franco a Trieste. Perché a Carlo el cerveleto ghe marciava più svelto de l'armata de Napoleon in Italia, e ala fine el xe sbotà: *"Ma xe mai possibile che devo far tuto mi?"*

E, siben i ministri de Carlo no i saveva manco nudar, pian a pian i ghe ga dà bada. E cussì, ancora ogidì, Carlo sesto Imperator, de sora la sua alta colona in Piaza Unità, col dedo puntà sul Porto Franco, el mostra le maravegie che 'l xe rivà a far per Trieste.

Carlo VI, padre di quella super straordinaria ragazza chiamata Maria Theresia, vedeva lungo e vedeva largo tanto che, dopo il Porto franco, giunsero a Trieste una caterva di senza fissa dimora più o meno briganti e più o meno cercatori di fortuna, ma pensa un po', tutti in corsa per riempirsi le tasche: Greci, Regnicoli (alias italiani), Turchi, Gnochi, Ebrei, Armeni, Francesi, Serbo-croati, Inglesi, Olandesi e chi più ne ha, più ne metta!

Anche gli Imperatori esalano l'ultimo respiro, e così è successo anche al nostro amato Carlo, a causa di un piatto di funghi, di cui era ghiotto. Non sappiamo che fine abbia fatto il cuoco di corte, ma questo infelice piatto era così buono, ma così buono, da cambiare Trieste in una città piena di denaro, come mai si era visto prima.

Purtroppo la sola dichiarazione di porto franco non era sufficiente a far progredire la città. Per raggiungere un certo tangibile benessere, necessitano ulteriori strategie e ben più energiche misure, che finalmente una donna, la figlia di Carlo VI, Maria Teresa d'Austria, coreggente del figlio, il futuro Giuseppe II, sa proporre e imporre alla città a scapito della privilegiata antica libertà municipale e dei nobili *parrucconi* che, a partire dal 1748, devono inchinarsi e cedere al nuovo corso voluto dal governo centrale di Vienna.

Nel 1755 nasce la Borsa e i commerci fioriscono. Trieste diventa sempre più grande e il Panfili costruisce il suo cantiere là dove oggi c'è la posta centale. Alla fine del '700 abbiamo tutto il via vai dei francesi di Napoleone, che vengono anche a Trieste e per ben tre volte. Quando Napoleone è sconfitto, ritornano gli austriaci.

La superstar Maria Teresa si rimbocca le maniche e, prendi qua, carica là, riesce a strappare via anche le *parrucche* ai vecchi nobili delle Tredici Casate!

Agli inizi qualche screzio e incomprensione nascono tra le vecchie e povere famiglie patrizie, che abita-

Carlo VI, pare de quela stragranda mula ciamada Maria Theresia, 'l vedeva longo e 'l vedeva largo, tanto che dopo el Porto franco, xe rivadi a Trieste un zavai de intrigatogne, più o meno briganti e più o meno in zerca de fortuna, ma varda là tuti in corsa per impignirse le scarsele: Greghi, Regnicoli (alias italiani), Turchi, Gnochi (alias tedeschi), Ebrei, Armeni, Francesi, Serbocroati, Inglesi, Olandesi e chi più ne ga più ne meti!

Anca i imperatori i va a sburtar radicio e cussì ghe xe tocado al nostro amato Carlo, per via de un piato de funghi, che 'ssai ghe piaseva. No se sa che fine ga fato 'l cogo de corte, ma sto malignaso de piato 'l iera cussì bon, ma cussì bon, de cambiar Trieste in una città strapiena de bori, come mai se gaveva visto prima.

Purtropo la sola dichiarazion de porto franco no bastava per far andar meio la città. Per rivar a un certo sicuro benesser, ghe vol altri progeti e ben più forti misure che, finalmente una dona, la fia de Carlo VI, Maria Teresa d'Austria, co-regente del fio, el futuro Giuseppe II°, la sa presentar e impor a la città a sfavor dela privilegiada antica libertà municipal e dei nobili *paruconi* che, dal 1748, i devi inchinarse e ceder al novo andazo voludo dal governo central de Vienna.

Nassi la Borsa nel 1755, i comerci fiorisi e Trieste diventa sempre più grande e 'l Panfili costruissi el suo cantier là dove ogi xe la posta Central. A la fine del '700 xe tuto el remitùr dei francesi de Napoleon, che i vien anca a Trieste, no una ma ben tre volte. Quando Napoleone xe sconfito, torna i austriaci.

La superstar Maria Teresa, la se tira su le manighe e, ciapa qua cariga ciapa là scariga, la ghe ga tirado via anca le *paruche* ai veci nobili de le Tredise Casade!

Al principio qualche disacordo e incomprension nassi tra le vecie e povere familie patrizie, che le vivi ne le case dela città vecia e la nova aristocrazia comercial e forestiera, che abita la città nova dove, grazie a la

153

no le case della città vecchia, e la nuova aristocrazia commerciale e straniera, che abita la città nuova dove, grazie alla libertà commerciale concessa alla città, può farsi erigere sontuosi palazzi.

Ma, non dobbiamo dimenticare che la Trieste di oggi è nata proprio grazie a: suo nonno l'imperatore Leopoldo, che per primo aveva capito l'antifona; a suo padre l'imperatore Carlo VI, che ha fatto impiantare battipali a bocca desidera e soprattutto a lei, Maria Teresa imperatrice madre che, meglio di un capo cantiere, ha ricostruito e seguito Trieste come una delle sue tante figlie. Intanto, in città, data la continua immigrazione in cerca di fortune o per sfuggire nei paesi di origine alla giustizia, giunsero greci, svizzeri, tedeschi del nord, spagnoli, francesi, inglesi e italiani appartenenti ai vari Stati ed infine molti orientali.

Con tutti questi nuovi arrivi la città avrebbe potuto diventare una Babilonia. Invece così non fu perché i nuovi arrivati si uniformarono allo spirito della città e in breve tempo ne acquisirono la cultura, gli usi e costumi, come la parlata italiana *cosmopolita* che ancora si usa a Trieste, ma che oggidì chiamano *dialetto triestino*.

A. Rieger. Il Tergesteo (1842) e la prima Borsa (ora CCIAA)

libertà comercial che dà spago a la cità, pol farse costruir pomposi palazi.

Ma no dovemo dismentigarse che la Trieste de ogi
la xe nata propio grazie a: suo nono Leopoldo imperator, che 'l ga capido l'antifona; a suo pare Carlo imperator che ga fato impiantar batipali a boca desidera e,
sora de tuto a ela, Maria Teresa imperatrice madre, che
meio de un capo cantier, la ga ricostruì e seguì Trieste
come una dele sue tante fie.

Intanto, in cità, dato el continuo rivar in zerca de
fortune per scampar dai paesi de nassita o de la giustizia, xe vegnudi: greghi, svizeri, todeschi del nord,
spagnoi, francesi, inglesi, regnicoli e de altri Stati e ala
fin anca 'ssai orientali.

Co' tuti sti novi arivi, sia de aventurieri che de im-
prenditori, de tante raze e de lingue diferenti, la cità
gaveria podù diventar una Babilonia. Inveze così no xe
sta perché i novi rivadi i se ga 'datado al spirito dela cità
e, in poco tempo, i se ga imparado la cultura, i usi e costumi, come la parlata 'taliana *cosmopolita*, che ancora
se usa a Trieste ma che, ogidì, i la ciama *dialeto triestin*.

*A. Rieger. La nuova chiesa di S. Antonio davanti il canal
grande*

I nuovi "Borghi"

Durante il regno di Maria Teresa d'Austria (1740-1780), Trieste iniziò la sua trasformazione urbana. Tra il 1749 e il 1842 furono abbattute le mura della città per unire la parte nuova a quella vecchia facendole ricorrere sotto la stessa amministrazione civica. Precedentemente, tra il 1754 e il 1788, erano, infatti, stati fatti dei lavori di interramento nel borgo anticamente adibito alle saline e situato nella posizione opposta al centro medioevale originario. Agli edifici che si andavano costruendo in questa zona, si volle dare uno stampo prettamente commerciale con un caratteristico sviluppo a impianto a scacchiera. L'Imperatrice Maria Teresa non vide mai il *Borgo Teresiano* a lei intitolato, in quanto non visitò mai la città nei suoi pur lunghi quarant'anni di regno. La maggior parte degli edifici furono costruiti con una chiara funzione commerciale: ampi magazzini al piano terra, zone abitative poste al piano nobile, piani superiori dedicati agli uffici o affittati e sottotetti adibiti ad abitazioni per persone più modeste.

A partire dal 1788, il nuovo importante *Borgo Giuseppino* crebbe rapidamente. In questa zona collinare e amena vennero ubicate contemporaneamente due tipologie di aree: quella interna dedicata agli edifici di rappresentanza e residenziali, e la fascia parallela alle rive e vicino al mare composta da una catena di stabili perfettamente rettilinea, strettamente legati all'attività portuale. Nella zona collinare più lontana dal mare trovavano posto alcune delle ville delle famiglie più abbienti della città, realizzate in stile semplice e asciutto. Non concepite come luoghi di vacanza stagionali, erano dedicate al riposo domenicale, motivo per il quale non si trovavano troppo distanti dal centro cittadino.

I novi "Borghi"

Durante el regno de Maria Teresa d'Austria (1740
- 1780), Trieste ga cominciado la trasformazion de la
città. Tra el 1749 e el 1842 xe stadi butai zo i muri per
meter insieme la parte nova e quela vecia e farle star
soto la stessa 'ministrazion civica. Prima, tra el 1754 e
el 1788, iera stadi fati dei lavori de interaramento nel
borgo in antico usado per le saline e situado nela posizion visavì al primo centro medieval. A le case, che se
andava costruir in sto posto, ghe se ga voludo dar una
forma tipicamente comercial co' un carateristico pro-
gresso formado a squadra. El logo xe stado nominado
Borgo Teresiano, ma l'imperatrice Maria Teresa no la
ga mai visto el borgo a ela intitolado perché no la ga
mai visitado la città nei sui pur longhi quaranta ani de
regno. La più parte de le case le xe stade costruide co'
una ciara funzion comercial: grandi magazini al pian
tera, abitazioni al pian nobile, i piani de sora destinadi
ai ufizi o dadi in afito e, nei sototeti, abitazioni de gente più modesta.

A partir dal 1788, el novo importante *Borgo Giuseppino* xe cressudo velocemente. In 'sta piacevole zona
de colina xe stadi messi nel istesso tempo do aree de
diferente tipo: quel interno, dedicado ai palazi de ra-
presentanza e de abitazion, e la strada paralela a le
rive e vizin del mar formada de una cadena de case in
linea perfeta, legade solo per el lavor del porto.

Ne la zona in alto più lontan del mar, trovava posto
qualche vila de le famee più benestanti de la città, costruide in stile semplice e garbado. No essendo stade
pensade come loghi de vacanza stagional, le iera dedi-
cade al riposo de la domenica, e propio per sto motivo
no le iera tropo fora del centro città.

A nord-ovest, in una zona interna, ga ciapà forma
el *Borgo Franceschino*. Costruido nel 1796, con un ca-

A nord-ovest, in una zona interna, prese forma il *Borgo Franceschino*. Eretto dal 1796 con un carattere essenzialmente residenziale, grazie a una concessione dell'Imperatore Francesco II, venne progettato a somiglianza di quello Teresiano, anche se con una dimensione maggiore degli isolati. Nel borgo, tra il 1817 e il 1827, sorsero i nuovi teatri cittadini e la passeggiata lungo l'Acquedotto oggi chiamata Viale XX Settembre.

Entrata del Canal Grande di Trieste alla fine del 1700

ratere solo residenziale, grazie de una concession de l'imperator Francesco II, 'l xe stado progetado a somilianza de quel Teresiano, anca se co' una dimension dele case più granda. Nel borgo, tra el 1817 e el 1827, xe nati i novi teatri citadini e la passegiada longo l'Aquedoto ciamada ogigiorno Viale XX Setembre.

Trieste veduta dal Molo Nuovo da un disegno
a penna del 1782 di I. F. Cassas

7. LA BELLE ÉPOQUE

A metà Ottocento Trieste era un paese di Bengodi, passata dai 45.390 abitanti del 1822 agli 81.939 del 1848: un raddoppio in soli ventisei anni. Un aumento simile non si sarebbe potuto ottenere neppure se tutta la popolazione non avesse fatto altro che fornicare giorno e notte, alla faccia dei Comandamenti! E allora? Quell'aumento era dovuto semplicemente al fatto che Trieste si era riempita di gente venuta da fuori, chi con i soldi per aprire nuove attività, chi senza un soldo perché tanto qui trovavano lavoro tutti. In ogni modo si può dire che quella volta se la spassavano tutti, a chi tanto e a chi meno ma insomma meglio così che niente; tutti andavano d'accordo indifferentemente che fossero italiani, tedeschi, sloveni, greci, ebrei o altro e proprio grazie a questo la città si arricchiva ogni giorno di più e diventava sempre più grande. Solo i vecchi Patrizi erano ridotti all'osso, ma se fosse stato per loro Trieste non sarebbe certamente diventata una città internazionale, un anticipo perfettamente funzionante dell'attuale Europa Unita che, nata senza confini nel 1993 ha dato nuove energie per il vecchio continente, benché il nazionalismo sia una bestia difficile da domare.

Trieste nella prima metà dell'Ottocento contava centottanta osterie dove annegava la sua disperazione il popolume. Perché è vero che Trieste quella volta era

7. L'EPOCA DE ORO

A metà Otocento Trieste iera un paese de Bengo-di, passada dai 45.390 abitanti del 1822 ai 81.939 del 1848: un radopio in soli ventisie ani. Un aumento simile no se saria podudo gaver gnanca se tuta la popolazion no gavessi fato altro che sesso giorno e note, a dispeto dei Comandamenti! E 'lora? Quel aumento iera dovudo semplicemente perché Trieste la se iera impignida de gente foresta, chi coi soldi per verzer nove atività, chi senza un soldo perché tanto qua i trovava lavoro tuti.

In ogni modo se pol dir che quela volta i se la spassava tuti, a chi tanto e a chi meno ma, insoma, meio cussì che gnente; tuti i andava d'acordo senza contar che i fossi 'taliani regnicoli, gnochi, sloveni, greghi, ebrei o altro, e propio grazie a sto fato la città diventava ogni giorno più rica e sempre più granda. Solo i veci Patrizi i iera ridoti a l'osso, ma se fussi stado per lori Trieste no la saria certo diventada una città internazional, un anticipo perfetamente funzionante de l'atual Europa Unita che, nata senza confini nel1993 la ga dado nove energie per el vecio continente, anche se el nazionalismo xe 'na bestia dificile de domar.

Trieste ne la prima metà del'Otozento la contava centotanta osterie dove se negava la sua disperazion el popolume. Perché xe vero che Trieste in quela volta la

ricchissima; è vero che i forestieri, che sono stati nella nostra città in quel periodo, hanno scritto che qui c'erano soldi a biondo dio e che l'unica cosa che interessava ai triestini era il soldo, ma è anche vero che questi forestieri non si sono mescolati di sicuro con la povera gente, ma solo con quelli d'alto bordo. La verità vera è che il novanta per cento dei triestini viveva ammucchiata in orrende catapecchie piene d'umidità, e come denaro erano molto mal messi perché avevano paghe da fame e tanti le usavano solo per arricchire l'oste. Il novanta per cento dei triestini sgobbava per riempire le tasche all'altro dieci per cento scarso. Tutto come prima, insomma, ma in cambio bisogna ammettere che se uno aveva iniziativa e non gli puzzava lavorare, quella volta poteva anche diventare ricco. Come ha fatto Modiano, per esempio, che in principio tagliava la cartafina a casa sua in via Maiolica; o come il barone Revoltella, che quando è arrivato a Trieste non era altro che il figlio di una lavandaia.

Così, negli ultimi venti anni dell'Ottocento la situazione a Trieste era questa: un buon ottanta per cento della gente, manovali, operai, portuali, marittimi, bottegai, artigiani, impiegatucci e simili, erano interessati solamente al lavoro e ai divertimenti, e non ce l'avevano né con i tedeschi, né con gli sloveni, né con gli italiani.

Più tardi però c'erano anche quelli, all'inizio pochi, che si sentivano come calpestati da un governo straniero. Fra questi si trovavano diversi idealisti puri, quasi tuti "intellettuali", ma anche tanti furbetti che adoperavano l'irredentismo per i loro interessi. Le due categorie si distinguevano all'istante: i furbi erano quelli che avevano fatto carriera, gli idealisti, invece, erano quelli che hanno pagato il conto per tutti.

Per l'Austria, invece, tenevano solo i preti, i grossi commercianti, gli industriali e i funzionari del gover-

iera richissima; xe vero che i forestieri, che i iera stadi ne la nostra cità in quel periodo, i gaveva scrito che qua ghe iera soldi a biondo dio e che l'unica roba che ghe interessava ai triestini iera el soldo, ma xe anche vero che tuti sti forestieri no i se ga de zerto missià co' la povera gente, ma solo con quei d'alto bordo. La verità vera xe che 'l novanta per cento dei triestini viveva muciada in orendi tuguri pieni d'umidità, e come soldi i iera 'ssai mal messi perché i gaveva paghe de fame e tanti i le usava solo per far rico l'oste. El novanta per cento dei triestini i sgobava per impignir le scarsele a l'altro diese per cento scarso. Tuto come prima, insoma, ma in cambio bisogna dir che, se un gaveva iniziativa e no ghe spuzava lavorar, in quela volta el podeva anca diventar rico. Come ga fato Modiano, per esempio, che in principio 'l taiava la cartafina a casa sua in via Maiolica; o come el baron Revoltella, che quando 'l xe rivado a Trieste no 'l iera altro che el fio de una lavandera.

Cussì, nei ultimi vinti ani del Otozento la situazion a Trieste la iera questa: un bon otanta per zento de la gente: manovai, operai, portuai, maritimi, botegheri, artigiani, impiegatuzi e minudaia compagna, ghe interessava solo che 'l lavor e i divertimenti, e no i la gaveva né coi gnochi, né coi slavi, né coi 'taliani.

Dopo però iera anche quei, in principio pochi, che i se sentiva mastruzadi come, de un governo foresto. Fra sti qua se trovava diversi idealisti puri, quasi tuti "inteletuali", ma anche tanti furbeti che i doprava l'iredentismo per i sui interessi. Le do categorie se le distinguiva de balin: i furbi iera quei che i gaveva fato cariera, i idealisti, inveze, iera quei che ga pagado el conto per tuti.

Per l'Austria, inveze, tigniva solo che i preti, i grossi comercianti, i industriai e i funzionari del governo che, tuti insieme, simpatizanti compresi, i sarà stadi al

no che, tutti insieme, simpatizzanti compresi, saranno stati al massimo il dieci per cento della popolazione. Però sarebbe da aggiungere anche i nazionalisti slavi, ma nessuno sa quanti fossero.

Trieste, insomma, in quegli anni era come una carrozza stramba: i cavalli tiravano da una parte, i cocchieri dall'altra e i passeggeri erano tutti ubriachi e se ne fregavano dove li avrebbero trascinati. Tolti gli ubriachi, ovvero il popolame menefreghista, il destino della nostra città dipendeva dai cavalli oppure dai cocchieri.

massimo el diese per zento de la popolazion. Però saria stà de zontar anche i nazionalisti slavi, ma quanti che fussi quei no sa nissun.

Trieste, insoma, in quei ani la iera come una caroza stramba: i cavai zucava de una parte, i cùcer de quel'altra, e i passegeri i iera tuti imbriaghi e no ghe ne fregava gnente dove che i li gaveria strassinadi. Cavadi via i imbriaghi, come a dir el popolume menefreghista, el destin de la nostra città dipendeva solo dei cavai o dei cucer.

L'Imperial Regia Cucina di Trieste

I primi passi della magnifica cucina triestina incominciano con il Congresso di Vienna del 1814, convocato per ripristinare l'assetto territoriale degli stati europei, che Napoleone era riuscito a scombinare più delle tesserine di un puzzle rovinato a terra, tant'è che durò nove mesi. Infatti i lavori del Congresso durarono quanto una bella gravidanza, continuamente inframezzata da feste, cene, balli e ricevimenti, tenuti sia dalla corte austriaca, sia dalle numerose delegazioni europee, tanto da diventare una grande continua abbuffata che è costata all'Imperatore d'Austria Francesco Secondo qualcosa come mezzo milione di fiorini. Tutto ciò a causa del fatto che i rappresentanti dei vari Stati, come pure i loro aiutanti, avevano le mani piuttosto lunghette: quando si offriva loro un caffè si poteva dire addio al cucchiaino. L'unica via d'uscita sarebbe stata quella di usare cucchiaini di latta, ma figuriamoci se a Schönbrunn adoperavano posate di quel tipo!

Poiché il vitto era gratuito, tutti si abbuffavano a quel biondo dio, anche perché avevano a disposizione i migliori cuochi del mondo. Talleyrand, per esempio, si era portato dietro Marie Antoine Carême, il mago che ha inventato la *Haute Cuisine*; Metternich, invece, aveva il suo pasticcere Franz Sacher che di là, a pochi anni inventerà la famosa torta, e così tra una cosa e l'altra è facile capire che, a tavola, arrivavano solamente capolavori. Quello che avanzava lo distribuivano ai poveri che, con la fantasia che nasce dal bisogno, hanno saputo sposare quelle ghiottonerie da signoroni con le cose alla buona che conoscevano loro. Le famiglie che stavano "ben de casa", invece, non hanno fatto altro che copiare quello che preparavano i grandi cuochi nelle cucine del palazzo e, di sicuro, non avranno

L'Imperial Regia Cusina de Trieste

I primi passi de la magnifica cusina triestina i scomincia al Congresso de Vienna del 1814, convocado per meter a posto tute le nazion europee, che Napoleon iera rivà a butar per aria pezo de un puzzle cascà per tera, tanto che, per tornar a meter un fiatin de ordine in Europa le discussioni le ga durà per ben nove mesi. Difati, i lavori del Congresso xe stadi come 'na bela gravidanza, sempre in mezo a feste, zene, bali e ricevimenti, tegnudi sia dela corte austriaca, che dele delegazion europee, tanto de diventar una granda continua magnadora che xe costada al'Imperator d'Austria Francesco Secondo qualcossa come mezo milion de fiorini. Tuto per via dei rapresentanti dei vari Stati e dei loro 'iutanti, che i gaveva le man piutosto longhete: tanto che, co ghe se ofriva a lori un cafè, se podeva dirghe adio al cuciarin. La sola via de vegnirghene fora saria stada quela de doprar cuciarini de lata, ma figuremose se a Schönbrunn i doprava cuciari e pironi de quel tipo!

Sicome el magnar iera a sbafo, tuti i se incoconava a biondo dio, anca perché i gaveva a disposizion i meio coghi del mondo. Talleyrand, per esempio, el se iera portà drio Marie Antoine Carême, el mago che ga inventado la *Haute Cuisine*; Metternich, inveze, el gaveva el suo pasticier Franz Sacher, che de là a pochi ani inventerà la famosa torta, e cussì tra una roba e l'altra xe fazile capir che, a tavola, 'rivava nome che capolavori. Quel che vanzava i ghe lo dava ai poveri che, co' la fantasia che nassi del bisogno, i ga savù sposar quele delicateze de signoroni co' le robe a la bona che za i conosseva lori. Le famee che stava "ben de casa", inveze, no le ga fato altro che copiar quel che preparava i grandi coghi nele cusine de palazo e, de sicuro, no i gaverà 'vudo nessuna dificoltà de cavarsela co' quele

avuto alcuna difficoltà a districarsi con quelle novità visto che, già in quella volta, la cucina viennese era una specie di calderone di tutte le cucine dell'Impero. Si raccontano anche dei fatti curiosi, come quello che un bel giorno l'ambasciatore di Sassonia si era accorto che Metternich, Talleyrand e lo zar Alessandro stavano confabulando fra di loro mezzi nascosti in un angolo. Il tizio, convinto che questi si raccontassero chissà dio che grandi segreti diplomatici, si è avvicinato pian pianino facendo finta di niente, e così si è accorto che Metternich stava spiegando agli altri due come si fanno gli Gnocchi di susini. Fatto sta che, a causa di quello che è successo duecentonove anni fa nelle cucine di Schönbrunn, i triestini del giorno d'oggi hanno ereditato il *Liptauer*, i *capuzi garbi*, i *Amlèt tiepidi* con la marmellata, e un mucchio di delicatezze come i *Cràfen* che già in quella volta là a Vienna andavano come il pane.

Nella seconda metà dell'Ottocento i triestini hanno continuato ad abbuffarsi, tranquillamente, con le loro *luganighe de Viena* e *de Cragno*, i loro *Capuzi garbi*, e poi *Jota, Gnochi de susini, Kaiserflàiss, Gòlass, Wienerschnitzel* e altre cose simili, bevendoci sopra non solo vino, ma anche tanta birra in un periodo che quelli che bevevano birra, in Italia lo consideravano addirittura un barbaro. Intanto i triestini facevano "la scarpella" con le *Struze*, con le *Sèmelze*, con i *Kàiser* e con il pane di segale, e nel caffelatte inzuppavano *Buchtel, Kugluf* e *Kràfen*, e come dolce si pappavano *Strucoli, Putize* e *Presnitz*.

Insomma, tra una cosa e l'altra, un italiano che arrivava a Trieste in quel periodo si trovava un poco spaesato, come oggi del resto, visto che la cucina nostrana è cambiata molto poco, anzi quasi niente, e rassomiglia a quella italiana solo per il pesce, ma quello ai triestini non c'è stato nessuno a insegnarglielo. Lo hanno ap-

novità, visto che, za in quela volta, la cusina vienese la iera una specie de calderon de tute le cusine de l'Impero. Se conta anca dei fati curiosi, come quel che un bel giorno l'ambassador de Sassonia el se iera inacorto che Metternich, Talleyrand e 'l zar Alessandro i stava confabulando fra de lori mezo nascosti in un canton. El tizio, sicuro che sti mati i se spiferassi chissà dio che grandi segreti diplomatici, el xe andà rente pian pianin fazendo finta de gnente, e cussì 'l se ga inacorto che Metternich stava spiegando a i altri do come che se fa i Gnochi de susini. Fato sta che, per via de quel che xe nato dozentonove ani fa nele cusine de Schönbrunn, i triestini de ogidì i ga ereditado el *Liptauer*, el porco coi *capuzi garbi*, i *Amlèt tepidi* co la marmelata, e un mucio de delicateze come i *Cràfen* che za in quela volta là a Vienna i andava come el pan.

Ne la seconda metà del Otozento i triestini i ga continuà a sbafar avanti, tranquilamente, le sue *luganighe de Viena* e *de Cragno*, i loro *Capuzi garbi*, e po' *Jota, Gnochi de susini, Kaiserflàiss, Gòlass, Wienerschnitzel* e altre robe compagne, bevendoghe sora no solo che vin, ma anca tanta bira in un periodo che chi che beveva bira, in Italia i lo considerava perfina un barbaro. In quel i triestini i fazeva le sope co' le *Struze*, co' le *Sèmelze*, coi *Kàiser* e col pan de segala, e nel cafelate i tociava *Buchtel, Kugluf* e *Kràfen*, e come dolce i se papava *Strucoli, Putize* e *Presnitz*.

Insoma, tra una roba e l'altra, un 'talian che rivava a Trieste in quel periodo el se trovava un poco spaesà, come ogi del resto, visto che la cusina nostrana la xe cambiada 'ssai poco, anzi squasi gnente, e la ghe somilia a quela italiana solo per el pesse, ma quel ai triestini no ghe ga insegnà nissun come che se lo fa. I se ga imparà de soli, ancora quando che i iera quatro gati scotai sconti dentro de un castelier, diversi secoli

preso da soli, già quando erano quattro gatti scottati nascosti dentro un castelliere, diversi secoli prima che nascesse Roma, mille anni prima che nascesse Venezia.

Però, a ben vederla ci resta ancora sul gozzo una domanda: poiché si usa dire "parla come mangi", proprio a causa del fatto che, dopo della lingua che parla un popolo si riconosce da quello che mangia, allora cosa eravamo cento anni fa, noi triestini, e cosa siamo oggi che, in definitiva, quando si fa un vero pasto, mangiamo ancora più o meno come in quella volta?

Per quello che riguarda i suoi piatti e i suoi dolci più tipici, Trieste rassomiglia più a Lubiana e a Klagenfurth che a Milano, Bologna, Roma o Napoli.

Per questo da almeno cento anni in qua abbiamo dentro come un tormento, perché non sappiamo più neppure noi chi siamo, e questo lo si vede benissimo dalla nostra cucina tipica, dato che anche lei è un miscuglio uguale a quello nostro. Nelle nostre pentole trovi la semente di Roma, più di duemila anni di confidenza con il mare, ma anche seicento quarantadue indelebili anni d'Asburgo e in più secoli di convivenza fra i due gruppi di triestini che parlano uno in italiano e l'altro in sloveno. E poi ci trovi anche il ricordo di quando la nostra città era il porto più grande di un grande Impero, di quando il governo austriaco sapeva benissimo dove eravamo, che problemi avevamo e cosa ci occorreva.

Masticando le nostre *Luganighe de Cragno* coi *Capuzi* e la nostra *Porzina con senape e kren*, gustando il *Liptauer* e il *Praga caldo*, noi oggi non possiamo fare a meno di ricordarci di quando Trieste era la regina dell'Adriatico, di quando era una grande Città-stato che si governava da sola in un grande Impero che racchiudeva più di mezza Europa, di quando era conosciuta e rispettata in tutto il mondo.

E pensare anche che, dopo aver rinunciato a tutto questo pur di essere italiani, fino a qualche tempo fa

prima che nassessi Roma, mile ani prima che nassessi Venezia.

Però, ve confesso, muli, che a mi me resta int'el goss una domanda: sicome se usa dir "parla come che te magni", propio per via che, dopo de la lingua che parla un popolo se lo conossi de quel che 'l magna, alora cossa ierimo cento ani fa, noi triestini, e cossa semo ogi che, se se cava via le mode e le poche robe che se ga tipicizà de quela volta in avanti, in definitiva magnemo ancora più o meno come in quela volta? Per quel che riguarda i sui piati e i suoi dolci più tipici, Trieste ghe somilia più a Lubiana e a Klagenfurth che a Milano, Bologna, Roma o Napoli.

Per questo de almeno cento ani in qua gavemo dentro come un tormento, perché no savemo più gnanche noi chi che semo, e questo se lo vedi benissimo a partir de la nostra cusina tipica, che la xe anche ela un missiòt compagno de noialtri. Nele nostre pignate se trova la semenza de Roma, più de domila ani de confidenza col mar, ma anche siezentoquarantado incancelabili ani de Asburgo e, in più, secoli e secoli de amicizia fra i do grupi de triestini che i parla un in italian e l'altro in sloven. E po' te ghe trovi anche el ricordo de quando che la nostra città la iera el porto più grando de un grando Impero, de quando che 'l governo austriaco el saveva benissimo dove che ierimo, che problemi che gavevimo, e anche cossa che ne ocoreva e cossa ne serviva.

Mastigando le nostre *Luganighe de Cragno* coi *Capuzi* e la nostra *Porzina col senape e kren*, gustando el *Liptauer* e el *Praga caldo*, noi ogi no podemo far de meno de ricordarse de quando Trieste iera la regina de l'Adriatico, de quando la iera una Città-stato, che la se governava de sola in un grando Impero che ciapava dentro più de metà de l'Europa, de quando che la iera conossuda e rispetada in tuto el mondo.

bastava andare un poco più in giù del Veneto, che i più non sapevano ancora se eravamo austriaci o sloveni e quando, orgogliosamente, dicevamo "Italiani" come bambini facevano ooohhh! Ben ci sta! Il nostro, in fondo, non è altro che il rimpianto di una Trieste che era per davvero Trieste, fino a che chi vi è nato e che ci vive non ha dovuto porsi tante domande per niente, perché non esiste una risposta, e allora in conclusione? Che San Giusto ci guardi, o meglio di no, perché San Giusto è un santo vecchio e i santi vecchi non fanno miracoli. Ma non abbiate timore, da questo anno bisestile 2024 in poi useremo l'intelligenza artificiale e...

... ci sarà un'esplosione enorme che nessuno udrà e la terra ritornata alla forma di nebulosa errerà nei cieli priva di parassiti e malattie.

Tratto da: *Italo Svevo, La Coscienza di Zeno, ed. Cappelli, Bologna, 1923.*

Francesco Ferdinando con la moglie giunti a Trieste per il varo della corazzata Viribus Unitis (24 giugno 1911)

E pensar anche che, dopo che gavemo rinunzià a tuto questo pur de esser italiani, fin a qualche tempo fa bastava 'ndar un fià più zo del Veneto, che i più no i saveva ancora se ierimo austriaci o sloveni, e quando, co' orgolio, ghe disevimo "Italian!", come i fioi i fazeva ooohhh! Ben ne sta!

El nostro, in fondo, no xe altro che el rimpianto de una Trieste che la iera per bon Trieste fin a quando che chi ghe xe nato e che ghe vivi no 'l ga dovù farse tante domande per gnente, perché no esisti una risposta, e alora rivai al struco? Che San Giusto ne vardi, o meio de no, perché san Giusto xe un santo vecio e i santi veci no i fa miracoli. Ma no ste gaver paura, de sto ano bisestil 2024 in avanti useremo l'iteligenza artificial e...

... ghe sarà un'esplosion grandiosa che nissun sentirà e la tera ritornada a la forma de nebulosa la anderà in giro nei ciel senza parassiti e malatie.

La prima pagina del "Corriere della Sera" del 29 luglio 1914

La prima pagina del "Corriere della Sera" (29 luglio 1914)

Qualche pettegolezzo

Nel 1854, a 24 anni, l'imperatore Franz Josef ha sposato la cugina Elisabetta de Wittelsbach, che tutti conoscono come Sissi. La sposa era, sì, bellina, ma mingherlina e piena di magagne, che magari al tempo era una cosa quasi normale e anzi le ragazze ci tenevano, perché in pieno romanticismo era assai fine essere infelici come le eroine dei romanzi. Si può ben dire, insomma, che Sissi fosse proprio alla moda, ma ci si accorgeva subito che la ragazza come fisico era un niente. Ad ogni modo all'innamorato Franz era piaciuta e, contento lui, contenti tutti.

Franz e Sissi sono arrivati a Trieste due anni dopo, il 20 novembre del 1856. Quella sera Franz e Sissi sono andati ad ascoltare *La Traviata* al Teatro Nuovo, e il giorno dopo l'Imperatore ha visitato gli impianti militari, gli uffici pubblici e le scuole. Sissi, invece, è andata in giro per le scuole femminili e gli asili, sorbendosi un mucchio di quei coretti che, quando hai ascoltato uno, hai le scatole piene fino all'orlo. Raccontarvi per filo e per segno tutta la visita dell'Imperatore è molto scocciante perché tanto in queste occasioni è sempre la solita storia: meglio passare a qualche maldicenza.

Da quando avevano iniziato i lavori alla "strada ferrata" della Stazione Meridionale, alla presenza di Franz Joseph, erano passati ben sette anni. Fatto sta che arrivare a Trieste con le rotaie non è stato mica uno scherzo, perché la nostra città è completamente circondata da monti che sembrano voler spingerla in mare. All'inaugurazione della linea Trieste-Lubiana-Celje-Maribor-Graz c'era anche questa volta il nostro Franz, in pompa magna. Va detto che proprio in quei giorni, e precisamente il 6 settembre 1857, l'arciduca Massimiliano, familiarmente Max, abbandonando per

Un fià de petegolezi

Nel 1854, a 24 ani, l'imperador Franz Josef ga sposado la cugina Elisabetta de Wittelsbach, che tuti conossi come Sissi. La sposa la iera, sì, belina, ma suta e piena de peche che, magari in quela volta, iera una roba quasi normal e, soratuto, le mule le ghe tegniva, perché in pien romanticismo iera 'ssai fin esser disgraziade come le eroine dei romanzi. Se pol ben dir, alora, che Sissi fussi propio a la moda, ma se vedeva de boto che la mula come fisico la iera un gnente. A ogni modo al mulo Franz la ghe iera piasuda e, contento lu', contenti tuti.

Franz e Sissi i xe rivadi a Trieste do ani dopo, el 20 novembre del 1856. Quela sera Franz e Sissi i xe andai a sentir *La Traviata* al Teatro Nuovo, e 'l giorno drio l'Imperator ga visitado impianti militari, ufizi publici e le scole. Sissi, inveze, xe andada in giro per le scole de le mulete e i asili, soportando un mucio de quei coreti che, quando te ga sentido un, te ga le scatole piene fin a l'orlo. Contarve per fil e per segno tuta la visita de l'Imperator xe 'ssai secante perché tanto in ste ocasion xe sempre la solita solfa: meio passar a qualche petegolezo.

De quando i gaveva scominciado i lavori a la "strada ferada" de la Stazion Meridional, a la presenza de Franz Josef, iera passadi ben sete ani. Fato sta che rivar a Trieste co' le sine no xe stado miga un scherzo, perché la nostra città la xe tuta quanta circondada de monti che i par voler sburtarla in mar. A l'inaugurazion de la linea Trieste-Lubiana-Celje-Maribor-Graz ghe iera anche stavolta el nostro Franz, in pompa magna. Va dito che, propio in quei giorni, e de preciso el 6 setembre 1857, l'arciduca Maximilian, in famea ciamado Max, abandonando per qualche giorno i lavori del suo

qualche giorno i lavori del suo amato castello, aveva sposato a Bruxelles la figlia del re dei Belgi, Carlotta.

E subito tutti a dire che a Franzi non piaceva questa Lotti, la cognatina belga scelta da Max e che, avendo la fortuna di essere Imperatore, aveva accolto l'invito ad inaugurare la Stazione Meridionale per avere la scusa di non andare al matrimonio...

Dovete sapere che la giovane Lotti, che aveva 17 anni, al vedere Maximilian, il più fascinoso principe sulla piazza al momento: 25 anni portati gagliardamente, simpatico, colto, intelligente, brillante conversatore, secondo in linea di successione all'Imperial regio trono d'Austria, e chi più ne ha più ne metta, aveva avuto un tal colpo di fulmine che, se non lo avesse sposato, sarebbe impazzita dieci anni prima.

E Max? Orpo, la Carlotta intelligente, colta, religiosa, con un'educazione improntata dal padre sul fatto che, prima o dopo, sarebbe diventata una regina... chissà che presa sui pretendenti! Comunque il papà di lei, Leopoldo, aveva bisogno dell'appoggio dell'Austria, e a Franz Joseph non dispiaceva l'idea di essere consuocero del ricco zio della regina Vittoria, imparentato inoltre con tutti i regnanti europei. Va bene che i regnanti in Europa se non erano zii erano nipoti e, più o meno tutti, cugini!

Tutto è bene quello che finisce bene, alla fine Max fu lusingato dal grande amore della principessina e, di sicuro, se non si fosse innamorato per davvero, nessuno lo avrebbe potuto costringere a chiedere la mano di Lottie. Quale regalo di nozze, il fratello Franz lo nominò Governatore del Regno Lombardo Veneto dove, bisogna dire il vero, Max, benché fratello dell'odiato imperatore d'Austria, si fece benvolere anche dai milanesi. Il periodo italiano fu il più felice per la giovane bellissima coppia ma, come tutte le belle cose, durò poco. E i due allo scoppio della Seconda Guerra d'Indi-

amato castel, el gaveva sposado a Bruxelles la fia del re dei Belgi, Carlota.

E subito tuti a dir che a Franz no ghe piaseva sta Lotti, la cognadina belga sielta da Max, e che, gavendo la fortuna de esser Imperador, el gaveva 'cetado l'invito a inaugurar la Stazion Meridional per gaver la scusa de no andar al matrimonio...

Dovè saver che la giovine Lotti, che gaveva 17 ani, al veder Maximilian, el più fassinoso principe su la piaza al momento: 25 ani portadi galiardamente, simpatico, colto, inteligente, brilante conversator, secondo in linea de sucession a l'imperial regio trono d'Austria, e chi più ne ga più ne meti, la gaveva 'vudo un tal colpo de fulmine che, se no la lo gavessi sposado, la saria diventada mata diese ani prima.

E Max? Orpo, la Carlota, inteligente, colta, religiosa, co' un'educazion basada del pare sul fato che, prima o dopo, la saria diventada una regina... chissà che colpo sui pretendenti! In ogni modo el papà de ela, Leopoldo, el gaveva bisogno de l'aiuto de l'Austria, e a Franz Josef no ghe dispiaseva l'idea de esser consocero del rico zio dela regina Vittoria, imparentado persora co' tuti i regnanti europei. Va ben che i regnanti in Europa se no i iera zii i iera nevodi e, più o meno tuti, cugini!

Ben, bon a la fin Max xe sta' lusingado del grando amor de la principessina e, de zerto, se no 'l se fussi inamorado sul serio, nissun lo gaveria podudo obligar a domandar la man de Lotti. Come regalo de noze, el fradel Franz lo ga nominado Governator del Regno Lombardo Veneto dove, bisogna dir la verità, Max, anche se fradel de l'odiado Imperatore d'Austria, se ga fato voler ben anche dei milanesi.

El periodo 'talian xe sta' el più felice per i giovini belissimi sposi ma, come tute le bele robe, xe durà poco. E i do, a l'esplosion de la Seconda Guera d'Indipendenza Italiana, i xe tornai a viver nel Castel de Miramar fra

pendenza Italiana, ritornarono a vivere nel Castello di Miramar fra feste, viaggi su e giù per l'Adriatico, collezioni di opere d'arte ma anche molta beneficenza per Trieste.

A Massimiliano e Carlotta non mancava però di sognare un nuovo regno e nuove avventure che, purtroppo, si avverarono.

Massimiliano e Carlotta, foto del fidanzamento (1855)

feste, viagi su e zo per l'Adriatico, colezioni de opere d'arte ma anca de beneficenza per Trieste.

A Maximilian e Carlota no ghe mancava però de sognar un novo regno e nove 'venture che, purtropo, se ga averado.

Immagine ricordo della visita di Franz e Sissi a Trieste (1856)

Fuori dalle mura: l'Italia

Il 17 marzo 1861, quando l'Italia è riuscita a diventare una nazione, si è trovata con tanti di quei problemi che quello di Trieste, per lei, era proprio l'ultimo.

Prima doveva risolvere il pasticcio del Sud, dove i piemontesi erano considerati invasori invece che liberatori e così il governo si è trovato fra gli artigli tre patate bollenti: il brigantaggio che per debellarlo ha sputato sangue e poi la mafia e la camorra, che proprio all'epoca hanno preso quella forza che hanno ancora oggi. Poi c'era anche il problema del Papa, che stava agguantando ben stretta Roma, ovvero tutto quello che gli rimaneva dello Stato Pontificio.

Il 3 novembre 1867 i francesi, che tenevano terzo al papa, hanno dato un'altra criccatura ai garibaldini a Mentana vicino a Roma, e anche in quella occasione si nota che con Garibaldi c'erano anche diversi triestini. Trentasei di loro, per essere precisi, che anzi uno, un certo Luigi Giuseppe Pecenco, ci ha rimesso anche la vita. Guarda là, Pecenco! L'irredentismo deve qualcosa anche ai triestini di lingua slovena.

Con tanti problemi che aveva, al nuovo Stato italiano gli conveniva stare in buone almeno con l'Austria, ma gli irredentisti triestini non si davano pace e i più esaltati fra loro facevano problemi non solo qui da noi, ma anche in Italia, dove distribuivano in continuazione manifestini, facevano dimostrazioni, insomma non perdevano l'occasione per farsi pubblicità. Tra una cosa e l'altra questi esagitati sono riusciti persino a mettere in crisi il governo, che nel 1867 ha rischiato di cadere perché Ricasoli aveva proibito certe manifestazioni irredentiste a Venezia e a Padova. La posizione ufficiale del governo italiano, insomma, in quel periodo non era certamente favorevole agli irredentisti che piantavano solo grane. Infatti nel 1874, l'onorevole Vi-

Fora de le mura: l'Italia

El 17 marzo 1861, co l'Italia la xe rivada a diventar una nazion, la se ga trovado co' tanti de quei problemi che quel de Trieste, per ela, iera propio l'ultimo.

Per primo la doveva risolver el pastrocio del Sud, dove i piemontesi i iera consideradi invasori inveze de liberatori e cussì el governo el se ga trovado fra le grinfie tre patate bolenti: el brigantagio, che per finirlo 'l ga spudado sangue e po' la mafia e la camora, che propio in quela epoca le ga ciapà quela forza che le ga ancora ogi. Po' ghe iera anca el problema del Papa, che 'l stava tignindo ben streta Roma, come a dir tuto quel che ghe restava del Stato Pontificio.

Il 3 novembre 1867 i francesi, che i tigniva terzo al papa, i ga dado un'altra cricada ai garibaldini a Mentana vizin de Roma, e anca in quela ocasion se trova che co' Garibaldi ghe iera anca diversi triestini. Trentasie de lori, per esser precisi, che anzi un, un zerto Luigi Giuseppe Pecenco, ghe ga rimesso anca la vita. Varda là, Pecenco! L'iredentismo devi qualcossa anca ai triestini de lingua slovena.

Co' tanti problemi che 'l gaveva, al novo Stato italian ghe convegniva star in bone almanco co' l'Austria, ma i 'redentisti triestini no i se dava pase e i più esaltadi fra de lori i fazeva problemi no solo qua de noi, ma anca in Italia dove i distribuiva in continuazion manifestini, i fazeva dimostrazioni, insoma no i perdeva l'ocasion per farse publicità. Tra una roba e l'altra sti esagitadi i xe rivadi persin a meter in crisi el governo, che nel 1867 el ga corso el ris'cio de cascar perché Ricasoli 'l gaveva proibido zerte manifestazioni iredentiste a Venezia e a Padova. La posizion ufizial del governo italian, insoma, in quel periodo no la iera de sicuro favorevole ai iredentisti che i piantava solo grane. Difati nel 1874, l'onorevole Visconti Venosta el

sconti Venosta aveva detto chiaro e tondo che tutto il casino che facevano gli irredentisti triestini non meritava neppure la minima considerazione, tanto Trieste non sarebbe mai diventata italiana.

Anche Vittorio Emanuele II in quel periodo stava diventando sempre più amico di Franz Joseph, tanto che, nel 1873, era andato a trovarlo di persona a Vienna; proprio il 20 settembre, il terzo anniversario di Porta Pia, e c'era un perché. Voleva dire che, per quanto riguardava Roma, Franz teneva terzo all'Italia e dava torto al Papa.

Non era mica facile, se si considera che erano già diversi secoli che gli Asburgo avevano anche il titolo di "maestà apostolica". Così, quando l'anno dopo Franz ha ricambiato la visita, ha preferito incontrarsi con Vittorio Emanuele II a Venezia piuttosto che a Roma.

L'incontro di Franz Joseph con Vittorio Emanuele II a Venezia è durato tre giorni, e più di due amici sembrava di vedere due fratelli. Anzi la stampa internazionale si è meravigliata che i due, nemici fino al giorno prima, potessero all'improvviso andare tanto d'accordo.

Pare che in quella occasione i due abbiano affrontato anche la questione di Trieste, e che l'imperatore Franz Joseph sia stato molto franco: secondo lui, per la nostra città staccarsi dall'Austria Ungheria voleva dire la rovina completa. Nata come emporio dell'Impero, senza quello Trieste non sarebbe stata niente. Bene, sapete cosa? Vittorio Emanuele gli ha dato ragione in pieno, e questo vuol dire che nessuno dei due era stupido, senza contare che quello è stato il primo passo verso la "Triplice alleanza".

E non vi dico altro...

gaveva dito ciaro e tondo che tuto el casin che i fazeva i 'redentisti triestini no meritava gnanca la più picia considerazion, tanto Trieste no saria mai diventada italiana.

Anca Vittorio Emanuele II, che in quel periodo stava diventando sempre più amico de Franz Josef, tanto che, nel 1873, 'l iera andado a trovarlo de persona a Vienna; propio el 20 setembre, el terzo aniversario de Porta Pia, e ghe iera un perché. Voleva dir che, per quanto riguardava Roma, Franz tegniva terzo a l'Italia e dava torto al Papa.

No iera miga fazile, se consideremo che iera za diversi secoli che i Asburgo i gaveva anca el titolo de "maestà apostolica". Cussì, co l'ano dopo Franz ga ricambiado la visita, el ga preferido incontrarse co' Vittorio Emanuele II a Venezia inveze che a Roma.

L'incontro de Franz Joseph co' Vittorio Emanuele II a Venezia xe durado tre giorni, e più de do amici sembrava de veder do fradei. Adiritura la stampa internazional la se ga meraviliado che i do, nemici fin al giorno prima, i podeva, de punto in bianco, andar tanto d'acordo.

Par che in quela ocasion i do i gabi esaminado anca la question de Trieste, e che l'imperator Franz Josef sia stado molto franco: secondo lu', per la nostra città stacarse de l'Austria-Ungheria voleva dir la rovina completa. Nata come emporio de l'Impero, senza quel Trieste no saria stada gnente. Ben, savè cossa? Vittorio Emanuele ghe ga dado ragion in pien, e questo vol dir che nissun dei do iera stupido, senza contar che quel xe stado el primo passo verso la "Triplice alleanza".

E no ve digo altro...

POSTFAZIONE

La città delle sette bandiere

Trieste: una Città che, nel suo piccolo, è una delle più composite del mondo. Nella sua bellezza fisica, fra mare e altopiano carsico, ha accolto sorridente genti di tutto il mondo. In armi, ma anche pacificamente, specie mercanti, scrittori, poeti e artisti. Citarli tutti è impossibile.

Cittadina di pescatori e contadini con difficoltà di andare per mare a causa dei galeazzi veneziani che rendevano la vita difficile a chi non si assoggettava al loro dominio; accolse genti che fuggirono alle plurisecolari occupazioni e vessazioni del Turco: serbocroati, greci, nonché ebrei spinti qui da varie diaspore.

Ma a metà del 700, già l'Austria lungimirante trasforma con straordinario dinamismo la cittadina-fortezza in emporio mercantile.

Nel 1735 Trieste conta settemiladuecentocinquanta abitanti. Carlo VI d'Asburgo e poi sua figlia Maria Theresia concedono alla città strutture e privilegi di eccezionale efficacia economica, amministrativa e culturale.

Pochi decenni dopo Trieste è un emporio brulicante di navi, diligenze, carrozze, genti, lingue, religioni.

La breve presenza napoleonica, con illusioni di libertà, crea qualche pasticcio rimettendo Trieste, come al tempo del Ducato della Carniola, alle dipendenze di Lubiana, ridiventata capitale delle Province Illiriche.

Torna l'Austria e a metà '800 superiamo i centomila abitanti. Nascono le grandi industrie: cantieri navali, arsenali, compagnie di navigazione, fabbrica di birra, ferriera, risiera, raffineria di petrolio, import-export, banche, compagnie di assicurazioni; il porto con uno sviluppo di venti chilometri di banchine e centinaia di navi immatricolate.

Nel crogiolo di genti austro-tedesche, veneto-friulane, slave, greche, albanesi, ungheresi, levantine, allogate nelle istituzioni asburgiche piuttosto liberali e tolleranti (salvo patenti violazioni di leggi che provocano qualche repressione, anche pesante), la città offre un campionario umano unico, con spiccate tendenze al lavoro ma anche alla vita allegra, spensierata, godereccia permeata da un certo edonismo.

Sugli Asburgo onori e catastrofi. Massimiliano e Carlotta sposi a Miramar; lui fucilato nel Messico, lei impazzita. Tegetthoff distrugge la flotta italiana a Lissa. Francesco Giuseppe inaugura il Canale di Suez rafforzando Trieste. Rodolfo e Maria Wetzera amanti, *suicidati* a Mayerling. L'imperatrice Elisabetta (Sissi) assassinata a Ginevra.

Queste tragedie non evitarono che alla fine dell'altro secolo Trieste raggiungesse i centottantamila abitanti e soltanto dieci anni dopo ne aumentasse di altri cinquantamila.

Ma proprio nel 1910 sull'Europa cominciarono ad addensarsi nubi foriere di altre catastrofi: l'Occidente temeva lo strapotere dell'Austria sul continente e trovò facile esca negli irredentismi latenti un po' in tutte le minoranze nazionali comprese nell'impero di Francesco Giuseppe. Trieste rappresentava il baricentro di tali irredentismi.

I triestini, legati per legge di Stato all'Austria, vivevano un dramma nel quale si inserivano, per contraddizioni, nevrosi, vendette, dispetti, ironie sgorganti da caratteri faceti, tanti aspetti «teatrali» e ridanciani. Gli sberleffi fra il polizei con sciabola e pistola e l'elegantone detto scartozeto; fra l'aulico funzionario imperial regio di totale ortodossia legalitaria e l'ironico professionista triestin patoco che giocava sulla pronuncia boema del funzionario. Licenze innocenti della Vecchia Austria Felix.

Francesco Ferdinando e Sofia Chotex, sua moglie morganatica, vengono assassinati a Sarajevo.

Francesco Giuseppe già vecchio e stanco dichiara guerra alla Serbia. È la prima guerra mondiale. Leva in massa. L'Italia temporeggia in equilibrio fra interventisti e neutralisti. Orgia di ideologie a Trieste, nei quaranta caffè cittadini di stampo viennese, dove accanto al *Piccolo* si leggono altri quotidiani italiani, austriaci, tedeschi, sloveni, svizzeri e persino inglesi. Le stecche di bambù con i fogli stampati passano da tavolino a tavolino. Ma si discute anche nelle logge massoniche, nelle sacrestie, nei sodalizi tricolore, nei ricreatori, negli oratori, nei circoli sloveni fra austriacanti incalliti e tiepidi arrivisti. Amici o avversari, ma tutti gentiluomini e democratici. Il buon soldato triestino, come il trentino, l'istriano, il dalmata, va a difendere l'impero austro ungarico in terra, in mare e in cielo.

1915: l'Italia rompe l'alleanza con l'Austria e dichiara guerra alla Triplice. Trento, Trieste e parte della Dalmazia motivi principali dell'intervento. Il buon soldato triestino l'Austria non lo manda nelle trincee del Carso, ma ai Laghi Masuri, in Galizia, in Russia. *Il Piccolo* in fiamme. Parecchi triestini, istriani e dalmati scappano in Italia. I loro familiari vengono spediti in campi di concentramento (si fa per dire) in Austria.

Le offensive, le allucinanti permanenze nelle trincee, i cannoneggiamenti, gli affondamenti delle corazzate, gli eroismi d'ambo le parti, i morti a montagne. Trieste, Gorizia, Pola, Fiume bombardate da aeroplani italiani, molti dei quali vengono abbattuti da Banfield, *l'aquila di Trieste*.

Fame, cavoli, pane nero e scarso, cicoria per caffè, niente burro, candele di sego.

Tuttavia sprazzi di dolce vita di ufficiali austriaci con splendide cocottes negli alberghi sulle rive. Ultimi prosit con coppe di champagne, ultimi giri di valzer.

E verrà il *ribalton*. Qualche alto ufficiale fedelissimo all'imperatore, che i mattacchioni triestini, chiamano *Carlo Piria*, dopo aver sturato l'ultima bottiglia e regalato all'amica le ultime corone che ormai non valgono più, si fa saltare le cervella con la pistola d'ordinanza.

E verranno i bersaglieri abbracciati dalle triestine impazzite. E il buon soldatino italiano sulla piazza dell'Unità si scandalizzerà davanti alle signore sedute ai tavoli dei caffè con gambe accavallate, il bocchino d'avorio con la sigaretta in bocca. *Bottane sono*, dirà semplicemente.

Quanti quadri, soprattutto umani, permeati di pianto ma anche esilaranti di umorismo in tale contesto. Poi il fascismo, buona parte della borghesia e dei militari compiacenti. Il Giunta tiranno di Trieste manganella democratici, socialisti e slavi. Il cannone spara su San Giacomo *rossa*. Si seppelliscono i morti in silenzio. La patria innanzi a tutto.

I cantieri lavorano, corazzate e incrociatori si susseguono sugli scali del San Marco e di Monfalcone.

Si va ancora in America per nave. Saturnia e Vulcania, nostri gloriosi simboli del lusso navigante mandano in rovina la *Cosulich Line* e le società di navigazione decotte sono le prime a passare allo Stato. Gli armatori restano al posto di comando, ben remunerati, affiancati da gerarchi fascisti ex pestatori divenuti *eccellenze*.

Ci si lancia in programmi imperiali. Si saluta soltanto alla romana. Proibito stringere la mano e dare del «lei». Poi Africa orientale italiana. In Spagna con esercito e camicie nere ma sul posto ci sono anche altri italiani democratici che combattono con i repubblicani. *L'asse* Berlino-Roma.

L'Albania al re d'Italia. La seconda guerra mondiale. Prima attaccano i tedeschi, poi noi contro tutti col fucile 91. Libia, Grecia, Jugoslavia, Russia: ad un certo punto si fa *indietro tutta*.

L'Italia si stacca dai tedeschi e Trieste viene annessa al Terzo Reich come Adriatisches Küstenland. Si pubblica l'*Adria Zeitung*. Campi di sterminio, la Risiera, i partigiani.

Nove anni di occupazione anglo-americana. Il Territorio libero di Trieste non si fa.

1954: l'Italia torna a Trieste, provincia con sei Comuni e senza territorio alle spalle.

Dal 1918 al 1954, in trentasei anni, la città ha visto issare sette bandiere (senza contare che si è dimenticata di confezionare l'ottava, quella del TLT per la cui costituzione l'Italia ha firmato a Parigi il Trattato di pace).

Una intellettuale triestina, colta e sensibile, navigata nella cultura internazionale, nella prosa, nella poesia, nella lirica, nell'operetta e nel cabaret, ci pensa. *Ora si può!*

Non ci sono più censure ufficiali né prevenzioni di popolo, quando si dava l'ostracismo al raffinato teatro di Giulio Camber Barni e di Marcello Fraulini e si sospendevano gli avanspettacoli di Angelo Cecchelin. Edda Vidiz, da tutto ciò che abbiamo alle spalle, ricava una larga messe di filosofia del triestinismo, senza retorica. Ad essa aggiunge una letteratura di testi gustosi e intelligenti nati dalla sua fervida vena creatrice, calamitando con impegno l'attenzione e la partecipazione di chi guarda, legge o ascolta. Per far continuare a vivere quella cultura che si esprime, in modo ancora più gradevole e concreto, nel dialetto triestino. Per non dimenticarlo.

Italo Soncini
19 aprile 1988

RINGRAZIAMENTI

Il mio primo ringraziamento va al Presidente delle Compagnie di Carnevale Mario Vascotto, partner del *Dove nasce l'Adriatico festival*. E se un amico vale un tesoro, Mario Vascotto vale più dell'oro di Fort Knox.

Grazie di tutto cuore al Presidente delle Tredici Casade, Filippo Vidiz, per aver inserito questa piccola antologia leggendaria (o no) nei programmi del festival *Dove nasce l'Adriatico*. Non posso proprio fare a meno di volergli bene... è mio nipote!

Un affettuoso grazie per l'aiuto prezioso di Angela Del Prete. Un'amica fantastica che adopera il cellulare con la velocità della luce, mentre io penso ancora con nostalgia al telefono a disco (piccola bugia).

Ultimo, ma non per importanza, ringrazio il mio fantastico editore Diego Manna che, dopo i volumi *Tergeste dove regna la Bora*; *La leggenda della Bora*; *Edda leggendaria, da Trieste lungo la via degli déi*; *Trieste 1719, quando gli Asburgo scoprirono il mare*; *Magnar ben per Bon*; questo è il sesto libro che produce a mio nome.

Ora mi viene un dubbio che Diego ed io siamo dei lavoratori *work alcoholic* oppure siamo veramente bravi? Dal canto mio posso dire che ammiro e stimo il lavoro di Diego. In quanto a me, corro a scrivere il prossimo...

Per favore, presto! Un po' d'acqua, Diego è svenuto per la paura.

BIBLIOGRAFIA

Caprin G., I nostri nonni, Trieste, Ed. I. Svevo, 1973.

Fonda C., Ocio a la jota. Storia de Trieste e de la sua cusina, ed. Italo Svevo, Trieste, 2004.

Scussa V., Storia cronografica di Trieste dalle sue origini sino all'anno 1695, cogli annali dal 1695 al 1848 del Procuratore Civico cav. Pietro dott. Kandler, Coen, Trieste 1863.

Sghedoni S., Il Seicento a Trieste. Fasti e nefasti della Magnifica Comunità tergestina nel corso del sec. XVII, E. Parnaso, Trieste, 2002.

Szombathely de G., Un itinerario di 2000 anni nella storia di Trieste, Trieste, ed. I. Svevo, 1994.

Le foto attuali sono tratte dall'archivio di Sergio Sergas.

Un fotografo creativo di grande spessore che riesce a proiettare nei suoi scatti artistici persino ricordi e nostalgie che generano vere emozioni.

Le immagini sono tratte dall' Archivio delle XIII Casade.

L'AUTRICE

Edda Vidiz si presenta come un'autrice eclettica e poliedrica, le cui molteplici passioni si riflettono nei vari ambiti in cui si è cimentata. Può sembrare sorprendente come possa abbracciare contemporaneamente il mondo della poesia e il rigoroso ambiente di un centro di fisica, o come possa passare dalle rievocazioni storiche alla scrittura di opere come "La leggenda di Madonna Bora". Vi chiederete: come fa a unire interessi così diversi?

La verità è che Edda vive seguendo una filosofia di vita che trascende la necessità di motivazioni specifiche per le sue scelte; piuttosto, è guidata da una mentalità aperta e sempre pronta ad accogliere nuovi stimoli. Le sue decisioni, lungi dall'essere casuali, sono il risultato di un'incessante ricerca di nuove sfide, stimolate dalla curiosità e dall'incontro con nuove persone. Edda ha fatto della sua vita un campo di esperimenti, dove ogni scelta e interesse rappresentano un tassello di un mosaico più grande.

Chi è dunque Edda Vidiz? È sinonimo di intraprendenza e energia, una persona che non si stanca mai di mettersi alla prova e di vivere intensamente. La sua filosofia si fonda sul coraggio e la determinazione, elementi che le permettono di perseguire le proprie idee con convinzione, nonostante gli ostacoli. Edda è anche spregiudicatezza e tenacità: mentre molti potrebbero immaginarla come una lettrice assidua, lei stessa afferma con fierezza "io non leggo, io scrivo", evidenziando la sua priorità di agire in base alle proprie convinzioni.

La forza motrice di Edda, come lei stessa ammette commossa, è l'amore. Non solo l'amore per la sua città, Trieste, ma un amore più ampio per le persone con cui condivide la propria vita e lavoro. Questo ci suggerisce che, forse, per capire veramente una persona non dobbiamo chiederci "perché hai fatto quello che hai fatto?" ma "per chi hai fatto quello che hai fatto?".

In conclusione, Edda Vidiz è il riflesso dei suoi affetti, del suo impegno verso chi la circonda e della sua profonda connessione con Trieste, una città che permea la sua scrittura e il suo essere.

BIBLIOGRAFIA DI EDDA VIDIZ:
50 anni per 40 libri

POESIA

Vidiz Edda, Tutto, qualcosa, niente, poesie italiano, Editoriale Libraria, Trieste (1974).

Vidiz E. - Molinari P., Essere noi, poesie italiano, Valenti di Allegranti, Pisa (1978).

Vidiz E., A dispeto del mar e del vento, poesie dialetto, Editoriale Libraria, Trieste (1982).

Vidiz E. et al, Calliope cara..., silloge poesie, ed. Lint, Trieste, (1991).

Vidiz E. - Englaro M., Pinguini se nassi poeti se diventa, poesie, ed. F:PE, Gorizia, (1998).

Vidiz E. - Borghi Mestroni L. - Semacchi Gliubich G., Nate dei refoli de Bora, poesia, ed. Englaro, Trieste, (2016).

GUIDE

Vidiz E., Welcome to Trieste, guida in inglese, IAEA, Vienna, (1984).

Vidiz E., Welcome to the Town of Science, guida in inglese, ICTP, Trieste, (1989).

Vidiz, E. - Englaro M., Trieste Color, guida città per bambini, in italiano e dialetto da colorare, Grafiche Nordest, (2008).

TEATRO

Vidiz E., Le Nobili del Mocolo, teatro, Italo Svevo, Trieste, (1986).

Vidiz E., La luce del faro me fa andar lontan, teatro, ed. Parnaso, Trieste (2003).

STORIA E LEGGENDE

Vidiz, E. - Arcon R., Int'el satul de la storia, trilingue TS-IT-SLO, ed. Luglio, Trieste, (2009).

Vidiz E., Tergeste, dove regna la Bora, storico in dialetto triestino, ed. Bora.La, Trieste (2018).

Vidiz E., Fasti e nefasti del Porto Franco, italiano, Amazon Kindle, (2019).

Vidiz E., Trieste 1719, quando gli Asburgo Scoprirono il mare, italiano ed. Bora.La, Trieste (2019).

Vidiz E., Dove nasce l'Adriatico e la Preistoria si fa Storia, antologia bilingue italiano - triestino, ed. Bora.La, Trieste (2024).

Vidiz E., La leggenda della Bora, illustrazioni Not Bernardino, ed. Bora.La, Trieste (2020).

Vidiz E., Edda leggendaria, da Trieste lungo la via degli dei, romanzo, ed. Bora.La, Trieste (2021).

VOCABOLARI

Vidiz E., Abecè per resentar el talian int'el Rosandra, zibaldone e vocabolario italiano - triestino ed. Luglio, Trieste (2010).

Vidiz E., Per no parlar... in cicara!, vocabolario italiano-triestino, ed. Luglio, Trieste (2011).

Vidiz E., Te se ricordi, Trieste?, vocabolario triestino-italiano, ed. Luglio, Trieste (2012).

BIOGRAFIA

Vidiz E., Maximiliano l'imperatore del cuore di marinaio, italiano, ed. Luglio, Trieste, (2014).

GASTRONOMIA

Vidiz E., Magnar Ben per Bon, zibaldone gastronomico in dialetto, illustrazioni Englaro Marco, ed. Lint, Trieste (2017).

Vidiz E., Magnar Ben per Bon, ricettario nuova edizione rielaborata in dialetto, ed. Bora.La, Trieste (2023).

COLLANA: L'IMPERIAL-REGIA CUCINA DI TRIESTE

Vidiz, E. - Fonda, C., Pane, primi piatti e stuzzichini, vol. 1, ed. Luglio, Trieste, (2017).

Vidiz, E.- Fonda, C., Il pesce nelle seconde portate, vol. 2, ed. Luglio, Trieste, (2018).

Vidiz, E.- Fonda, C., La carne nelle seconde portate, vol. 3, ed. Luglio, Trieste, (2018).

Vidiz, E.- Fonda, C., Contorni e insalate, vol. 4 ed. Luglio, Trieste, (2018).

Vidiz, E.- Fonda, C., Dolci e Bevande, vol. 5 ed. Luglio, Trieste, (2018).

COLLANA: PALCOSCENICO TRIESTINO

Vidiz E., Eden Tabarin, con CD audio vol.1, ed. Luglio, Trieste (2011).

Vidiz E., La locanda de l'omo selvatico, vol.2, ed. Luglio, Trieste, (2011).

Vidiz, E. - Arcon, R., Marco Ranfo, vol.3, con CD audio, ed. Luglio , Trieste, (2011).

Vidiz E., La Grande Svolta della dedizione di Trieste... vol. 4, ed. Luglio, Trieste, (2011).

Vidiz, E. - Lupi, U., Che bel che xe l'amor, con CD audio, vol. 5, ed. Luglio, Trieste, 2011.

Vidiz, E. - Lupi, U., Maximilian il Principe di Miramar , con CD audio, vol.6, ed. Luglio , Trieste, (2012).

Vidiz Edda, Il Canto della Malaguerra, vol.7, ed. Luglio, Trieste, (2013).

MONOGRAFIE

Vidiz, E., Marco Ranfo, il cruento enigma di Trieste, ed. Luglio, Trieste, (2015).

Vidiz, E., La Grande Svolta, ed. Luglio, Trieste, (2015).

Vidiz, E., Carlotta, la pazza di Miramar, ed. Luglio, Trieste, (2015).

Vidiz, E., Massimiliano il Principe dei due mondi, ed. Luglio, Trieste, (2015).

Vidiz, E., I Giorni dell'Apocalisse, ed. Luglio, Trieste, (2015).

WHITE COCAL PRESS
libri e morbin a Trieste

DIALETTO

Ciacole a Gropada (2024)
Fabio Vigini

La testa per intrigo (2023)
Corrado Premuda

Troppo triestini (2022)
Paolo Pascutto

I diari de Siora Jole (2021)
Davide Calabrese

Il dialetto nel Porto di Trieste (2021)
Nereo Zeper

I soliti veceti (2020)
Raimondo Cappai e Paolo Stanese

Le disgrazie del tran de Opcina (2019)
Diego Manna

The Origin of Nosepolis (2018)
Diego Manna

L'amor al tempo del refosco (2018)
Laura Antonini e Stefano Bartoli

Monon Behavior (2017)
Diego Manna

NARRATIVA

la profezia del portovecchio (2024)
Francesco Boer

Quando la parti? (2023)
Davide Destradi

Le signorine in cuffia (2023)
Barbara Battistelli

Omicidio no xe per barca (2022)
Raimondo Cappai e Paolo Stanese

I briganti della Carnia (2022)
Francesco Boer

C'era una volta a... Triestewood (2021)
Andrea Martinis

Il sipario sul divano (2021)
Gianfranco Pacco

Edda leggendaria da Trieste lungo la via degli dei (2021)
Edda Vidiz

Trieste città dell'Oktoberfest (2019)
Dino Bombar

L'Osmiza sul mare (2016)
Diego Manna

FANTASCIENZA

Un nodo di Buona Ventura (2023)
Marco Fichera

Impresa pulizie Morgan (2021)
Mauro Vascotto

UMORISMO

Casa mia, casa mia - Come tirar 'vanti nela giungla del cemento triestin (2022)
Chiara Gily e Francesca Sarocchi

La smonta la prossima? - Una vita in corriera (2021)
Davide Destradi

Triestini e napoletani (2017)
Micol Brusaferro e Chiara Gily

MANUALI DEL MORBIN

Ocio de soto (2023)
Gianfranco Pacco

50 cose da non fare in Friuli (2021)
Mataran

Trieste cinica - dal no se pol al no ga senso (2021)
Vile&Vampi

50 cose da non fare a Trieste (2020)
Andrej Prassel

Meio un omo ogi e uno doman (2020)
Flavio Furian e Massimiliano Cernecca

Il manuale della boba de Borgo (2019)
Flavio Furian e Massimiliano Cernecca

Il libri des rispuestis furlanis (2018)
Felici ma furlans e Andrej Prassel

El libro dele risposte triestine (2017)
Andrej Prassel

STRAFANICI
Sirene e cocai (2022)
Sabrina Gregori e Chiara Gelmini

Mati drio el balon (2021)
Giuseppe Vergara e Chiara Gelmini

Sua maestà Capo in B (2020)
Micol Brusaferro e Chiara Gelmini

Animali triestini e dove trovarli (2019)
Giulio Giadrossi e Chiara Gelmini

Inps factor - i veci de Trieste (2019)
Micol Brusaferro e Chiara Gelmini

Libero libera tutti (2019)
Francesca Sarocchi e Chiara Gelmini

Mirella Boutique (2018)
Micol Brusaferro e Chiara Gelmini

Ciacole al Pedocin (2016)
Micol Brusaferro e Chiara Gelmini

El Pedocin (2015)
Micol Brusaferro e Chiara Gelmini

STORIA/SAGGI
Magnar ben, per bon (2023)
Edda Vidiz

L'aquila è la pace (2023)
Giorgio Sclip

Il calcio a Trieste (2022)
Bruno Gasperutti

Vita a Palazzo Silos (2021)
Annamaria Zennaro Marsi

Trieste 1719: quando gli Asburgo scoprirono il mare (2019)
Edda Vidiz

Tergeste, dove regna la bora (2018)
Edda Vidiz

PUPOLI
Te son bela come el cul dela padela (2023)
Linda Simeone

Vox Pupoli (2020)
Vile & Vampi

La leggenda della Bora (2020)
Edda Vidiz e Bernardino Not

STRUCOLETI - per bambini
Gatto Max - Impicci e pasticci a Miramare (2024)
Carolina Tommasella e Lorenza Fonda

Arturo - Un cane di Trieste (2022)
Emily Menguzzato e Raffaele Lodolo

Laila impara el triestin (2021)
Nicole Vascotto

Strafanici per tuti i cantoni de Trieste (2021)
Cristina Marsi e Dunja Jogan

La trisnonna Clementina e la Risiera di San Sabba (2020)
Alessandro Slama e Roberta Zucca

Sisì, Ottone e la cantina musicale (2018)
Zita Fusco e Fabrizio Di Luca

SAN NICOLÒ - per bambini
Le zavate de San Nicolò (2021)
Cristina Marsi e Ingrid Kuris

San Nicolò e el pesseto gialo (2021)
Cristina Marsi e Ingrid Kuris

Le mudande de San Nicolò (2020)
Cristina Marsi e Ingrid Kuris

San Nicolò e i Krampus (2020)
Cristina Marsi e Ingrid Kuris

La bereta de San Nicolò (2019)
Cristina Marsi e Ingrid Kuris

GIOCHI
Le Cronache della Biosfera (2023)
Diego Manna e Sara Paschini

Tachite al tram (2022)
Diego Manna e Erika Ronchin

Barkolana (2017)
Diego Manna e Erika Ronchin